이화유치원

교육과정 운영의 실제

만 4세 ❽ 교통기관

이화유치원 교육과정 운영의 실제

만 4세

8 교통기관

이화여자대학교 사범대학 부속이화유치원

(주)교 문 사

머리말

올해로 97년의 오랜 역사와 전통을 자랑하는 이화유치원은 우리나라에서뿐만 아니라 전 세계에서 탁월한 유아교육을 실행하는 유치원으로 높이 평가받고 있습니다. 이화유치원은 이에 긍지와 자부심, 책임감을 가지고 있으며, 무한한 가능성을 가진 유아들이 바르고, 착하고, 아름답게 자랄 수 있도록 최적의 교육환경과 교육과정을 제공하기 위해 항상 노력하고 있습니다. 더 나아가 미래사회를 책임질 유아들의 건강한 성장과 발달을 위해 끊임없이 새로운 프로그램을 개발하고, 유아교육의 질을 제고하기 위한 연구를 지속하여 유아교육 발전을 선도해 가고 있습니다.

유아의 성장 및 발달에 적합한 환경과 교육과정으로 질 높은 유아교육을 충실히 실행하는 것이 이화유치원의 중요한 사명 중 하나라면 또 다른 중요한 사명은 유아의 발달 및 유치원 교육과정, 교수방법, 교육환경 등에 관한 연구를 수행하고 그 결과를 출판하여 보급하는 것입니다. 이에 따라 이 책 『이화유치원 만 3, 4, 5세 교육과정 운영의 실제』는 이화유치원의 중요한 사명을 성공적으로 완수해 낸 결과물인 것입니다.

이화여자대학교 사범대학 부속이화유치원에서 1992년과 1995년 두 번에 걸쳐 『만 3, 4, 5세 어린이를 위한 유치원 교육과정 운영의 실제』를 출판한 지 어느덧 16년이 지났습니다. 2004년에 이화유치원 창립 90주년 기념행사를 성황리에 개최한 이후 새로운 『만 3, 4, 5세 유아를 위한 이화유치원 교육과정 운영의 실제』를 출판하기 위한 준비 및 집필 작업을 계속해 왔고 드디어 2011년에 출판하게 됨을 매우 기쁘게 생각합니다.

『이화유치원 만 4세 교육과정 운영의 실제』의 1학기 생활주제는 「즐거운 유치원」, 「나」, 「봄」, 「가족」, 「동물」, 「동네와 지역사회」, 「여름」이고, 2학기 생활주제는 「교통기관」, 「우리나라」, 「소비생활」, 「가을」, 「겨울」입니다. 기존 만 4세 교육과정 운영의 실제에서 제시한 생활주제 중 「나와 가족」을 「나」, 「가족」으로 분리했고, 「즐거웠던 여름방학」과 「즐거웠던 겨울방학」을 각각 「여름」과 「겨울」 생활주제로 통합했습니다. 또한 「동네와 지역사회」와 「소비생활」을 새로운 생활주제로 추가했습니다.

『이화유치원 만 4세 교육과정 운영의 실제』는 동일하게 3개의 장으로 구성되어 있습니다.

1장에서는 각 생활주제 선정의 의의와 교육 목표를 소개했습니다. 생활주제에서 다루어야 할 학습 내용을 2~5개의 주제로 구분하고, 주제별로 교육 목표와 내용을 설명했습니다. 2장에서는 교육환경에 대해 소개했습니다. 원내와 교실의 흥미 영역을 교육 내용에 적합하게 구성하는 방법을 설명했고, 사진을 실례로 소개했습니다. 3장에서는 생활주제에 적합한 교육활동을 주제별로 소개했습니다. 교육활동의 전개 방법에서는 유아들이 흥미를 가지고 능동적으로 참여하여 교육 내용을 이해하고 학습할 수 있도록 하기 위해 교사가 만 4세 유아들의 발달 수준, 지식, 경험 등에 적합한 교육적 대화를 어떻게 나누는지를 소개하는 데 중점을 두었습니다. 이 책에 수록된 교육활동을 현장에서 실시할 때 도움이 되도록 교사의 질문 및 언어적 상호작용을 구체적으로 자세하게 기술하였고, 내용을 쉽게 이해할 수 있도록 사진 및 삽화를 수록했습니다. 활동 시 참고할 사항을 Tip으로 제시했고 유의점에 주의해야 할 사항을 설명했습니다. 또한 확장활동 및 관련활동을 제시하여 교육활동들 간의 연계성을 강조했습니다. 부록에는 주간교육계획안과 일일교육계획안의 예시를 수록하여 실제 교육계획안 수립 시 참고할 수 있도록 했습니다.

이화유치원에서는 교육과정의 학습경험 설정 및 효과적 조직에서 요구되는 세 가지 준거—계속성(continuity), 계열성(sequence), 통합성(integraty)—를 갖추고자 지속적인 연구와 노력을 거듭하고 있습니다. 이 책에서는 만 3, 4, 5세 교육과정 간 계속성, 계열성, 통합성에 초점을 맞추어 연구 · 개발된 새로운 생활주제, 주제 및 교육활동들을 소개했습니다. 또한 본 유치원에서 지난 10여 년간 실행해 온 각종 연구들—기본생활습관교육, 소비자교육, 극놀이, 요리활동, 종일반 프로그램, 수학교육, 리더십교육, 언어교육, 동작교육, 문학교육, 전통문화예술교육—을 통해 새롭게 개발된 생활주제, 주제 및 교육활동들을 이 책에 소개했습니다. 기존 『만

4세 어린이를 위한 유치원 교육과정 운영의 실제』에 수록되었던 활동들의 경우, 최근 유아들의 발달적 특성, 요구, 흥미에 적합하게 또한 시대적 변화와 요구에 부응할 수 있도록 수정·보완해서 소개했습니다.

그동안 이 책이 출판될 수 있도록 도와주신 여러 분들께 머리 숙여 감사를 드립니다. 먼저 『이화유치원 만 4세 교육과정 운영의 실제』를 함께 집필해 주신 이화유치원 전·현직 교사들—오지영, 강은정, 김은수, 김혜전, 이예린, 장정윤—께 감사를 드립니다. 유아교육 발전을 위한 이화유치원의 사명을 완수하기 위해 지난 몇 년간 주말이나 공휴일은 물론이고 방학에도 쉬지 못하면서 이 책의 집필 과정에 참여해 주신 여러 분들의 헌신적 노력은 유아교육의 역사에서 오래 기억될 것입니다. 이 책의 집필 과정에서 여러모로 도움을 주신 이화유치원 전·현직 교사들—김수정, 박정민, 박미정, 안예슬—께도 깊은 감사를 드립니다. 또한 이 책을 출판해 주신 (주)교문사 류제동 사장님, 정용섭 부장님을 비롯한 직원 여러 분들께도 진심으로 감사를 드립니다.

끝으로 이 책이 출판될 수 있도록 간접적으로 도와주신 분들께도 감사를 드립니다. 그동안 유아교육을 공부하는 학부생 및 대학원생, 유아교사, 유아교육학자, 유아교육 전문가 및 행정가, 심지어 학부모들께서도 이 책이 언제 출판되는지를 문의하고 출판을 서둘러 주기를 부탁하셨습니다. 『이화유치원 만 3, 4, 5세 교육과정 운영의 실제』를 하루빨리 출판해 달라는 많은 분들의 요청이 저희들에게 든든한 힘과 격려가 되어 주었기에 이 자리를 빌려 감사의 마음을 전하며, 여러분들께서 기대하신 만큼 큰 도움 받으시기를 바랍니다.

2011년 7월 25일

집필진 대표 홍용희

차 례

1장

생활주제 선정의 의의와 목표

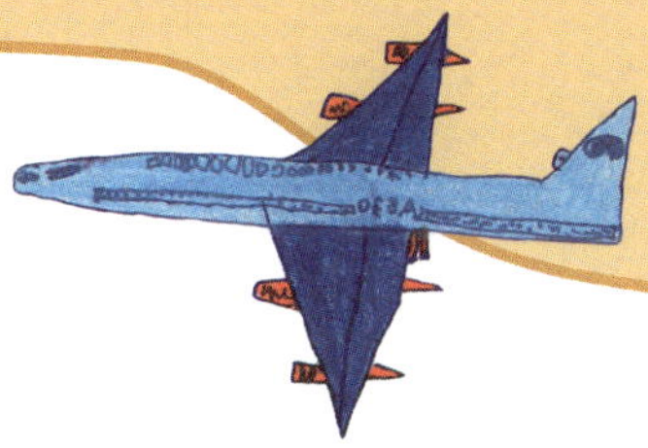

1장

생활주제 선정의 의의와 목표

1. 생활주제 선정

유아들은 일상생활에서 여러 가지 교통기관을 경험한다. 유아들은 집과 유치원을 오고 갈 때 자동차나 버스, 지하철 등 다양한 교통기관들을 보거나 이용해보는 등 교통기관을 일상적으로 경험할 수 있다. 또한 유아들은 여러 종류의 교통기관에 대해 큰 흥미와 관심을 갖고 있다. '교통기관' 생활주제는 유아들이 교통기관의 필요성과 특징에 대해 이해하고 바르게 이용하는 방법을 익힐 수 있게 하기 위해 선정한 생활주제이다. 유아들이 먼 곳으로 이동할 때 교통기관을 이용함을 알고 이용방법에 대하여 관심을 가지게 한다. 또한 여러 사람들이 안전하게 교통기관을 이용하기 위해 필요한 규칙을 이해하고 준수할 수 있도록 한다. 생활주제를 전개할 때, 교통기관의 이동 경로를 기준으로 육상교통기관, 해상교통기관, 항공교통기관으로 주제를 나누어 교육 내용을 전개한다.

2. 주제 및 목표 선정

'교통기관' 생활주제는 '육상교통기관', '해상교통기관', '항공교통기관' 으로 구성되었다.

생활주제	주 제
교통기관	육상교통기관
	해상교통기관
	항공교통기관

각 주제별 교육 목표 및 교육 내용은 다음과 같다.

주 제	분 류	목표 및 내용
1. 육상교통기관	교육 목표	• 육상교통기관의 종류와 특징을 안다. • 다양한 육상교통기관들의 기능을 안다. • 육상교통기관이 발달해온 과정을 안다. • 대중교통기관을 안전하게 이용하는 방법을 안다. • 교통안전규칙을 준수한다.
	교육 내용	유아들이 여러 종류의 육상교통기관의 특징과 기능에 대하여 알도록 한다. 육상교통기관이 생겨난 이유를 알고 기술의 발전에 따라 더 빠르고 편리한 교통기관이 개발되어 왔음을 이해하게 한다. 유아들이 일상에서 경험할 수 있는 버스, 지하철 등 대중교통 기관의 이용 방법에 대해 알고 익히도록 하며 교통 안전 규칙에 대해 학습하여 교통기관을 안전하게 이용하는 태도를 갖도록 한다. 유아들이 육상교통기관을 이용해본 경험을 바탕으로 노래, 동시, 게임 등 다양한 활동을 실시한다.
2. 해상교통기관	교육 목표	• 해상교통기관의 종류와 특징을 안다. • 해상교통기관이 발달해온 과정을 안다.
	교육 내용	유아들이 돛단배, 나룻배, 고기잡이배, 여객선, 화물선 등 해상교통기관의 종류를 알고 생김새, 기능 등에 대해 탐구하게 한다. 바다 위를 이동하기 위해 해상교통기관이 생겨났음을 알고 해상교통기관이 발달해온 과정에 대해 관심을 가질 수 있도록 한다. 유아들이 해상교통기관을 이용해본 경험을 바탕으로 노래, 동시, 게임 등 다양한 활동을 실시한다.
3. 항공교통기관	교육 목표	• 항공교통기관의 종류와 특징을 안다. • 항공교통기관이 발달해온 과정을 안다.
	교육 내용	비행기와 헬리콥터 등 유아들에게 친숙한 항공교통기관에 대해서 학습한다. 먼 곳까지 빠르게 이동하기 위해 비행기가 발명되었음을 알고 비행기의 발달과정에 대해 관심을 갖게 한다. 많은 유아들이 비행기에 대해서 큰 관심과 호기심을 갖고 있으므로 이를 바탕으로 비행기의 움직임을 몸으로 표현하거나 관련 노래를 부르고 여러 가지 블록과 소품을 이용해 비행기를 구성해보는 등 다양한 활동을 실시한다.

2장

환경 구성

2장

환경 구성

1. 실내 환경 : 현관, 복도

1) 게시판

현관 게시판은 교통기관과 관련된 배경으로 유치원 교육활동에 관련된 각종 안내사항을 게시한다. 이후 유아들이 만든 작품 또는 그린 그림을 전시하며 게시판을 꾸며나간다. 급 · 간식 식재료의 원산지를 매일 게시한다.

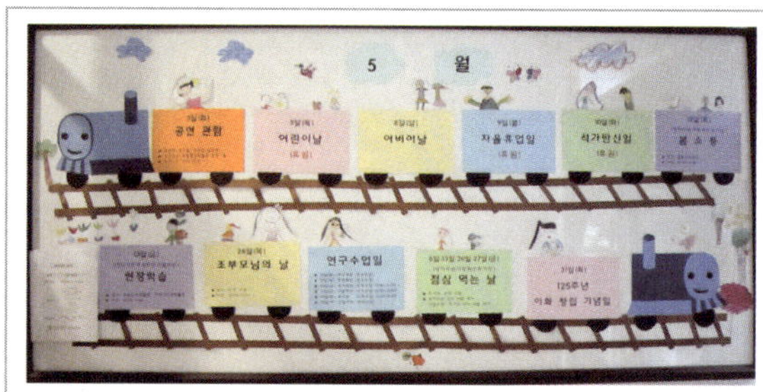

현관 게시판

2) 복도 벽면

복도 벽면에 유아들이 교통기관을 이용하며 재미있었던 일들에 대한 경험을 공유하고 회상할 수 있는 사진이나 작품을 게시한다. 예를 들어 유아들이 함께 기차를 타고 소풍을 다녀온 사진이나 개별적으로 유아들이 기차를 탄 경험을 그린 그림을 게시할 수 있다.

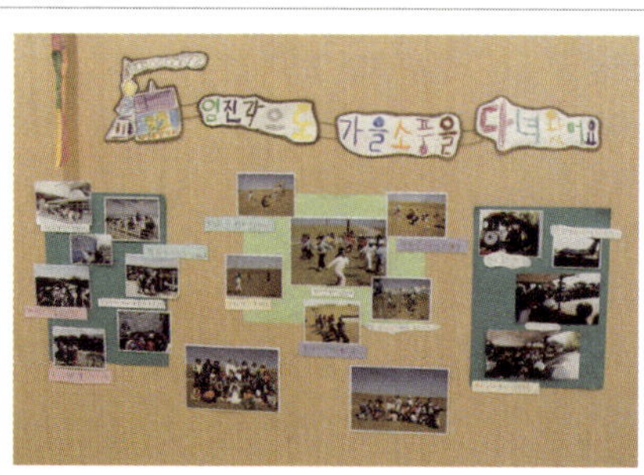

기차를 타고 소풍을 다녀온 사진

기차를 타 본 경험을 그린 그림

3) 복도 영역

복도 영역에 비행기와 사람 인형, 공항에서 일하는 자동차, 활주로 등 상상 놀이 놀잇감을 제공하여 유아들이 하루 일과 중 자유선택활동 시간에 자유롭게 찾아와 공항 놀이를 할 수 있도록 한다. 복도 영역 천장이나 벽면에 하늘의 느낌이 날 수 있도록 구름이나 비행기가 그려져 있는 천을 매달아 줄 수 있다. 또한 유아들이 놀잇감을 이용하여 놀이하는 모습을 사진기로 찍어 출력한 후 벽면에 게시하여 앞으로 놀이할 유아들에게 놀이방법을 알려줄 수도 있다. 각 학급 유아들이 가정에 가지고 있는 다양한 교통수단 모형이나 책을 유치원에 가지고 온 경우, 복도 책상에 전시하여 모든 유아들이 감상할 수 있는 기회를 마련한다.

공항 놀이

공항 놀이 소품

2. 실내 환경 : 교실

- 생활주제 : 교통기관
- ○○○반 흥미 영역 배치도

○○○○학년도 ○월 ○주 ~ ○월 ○주

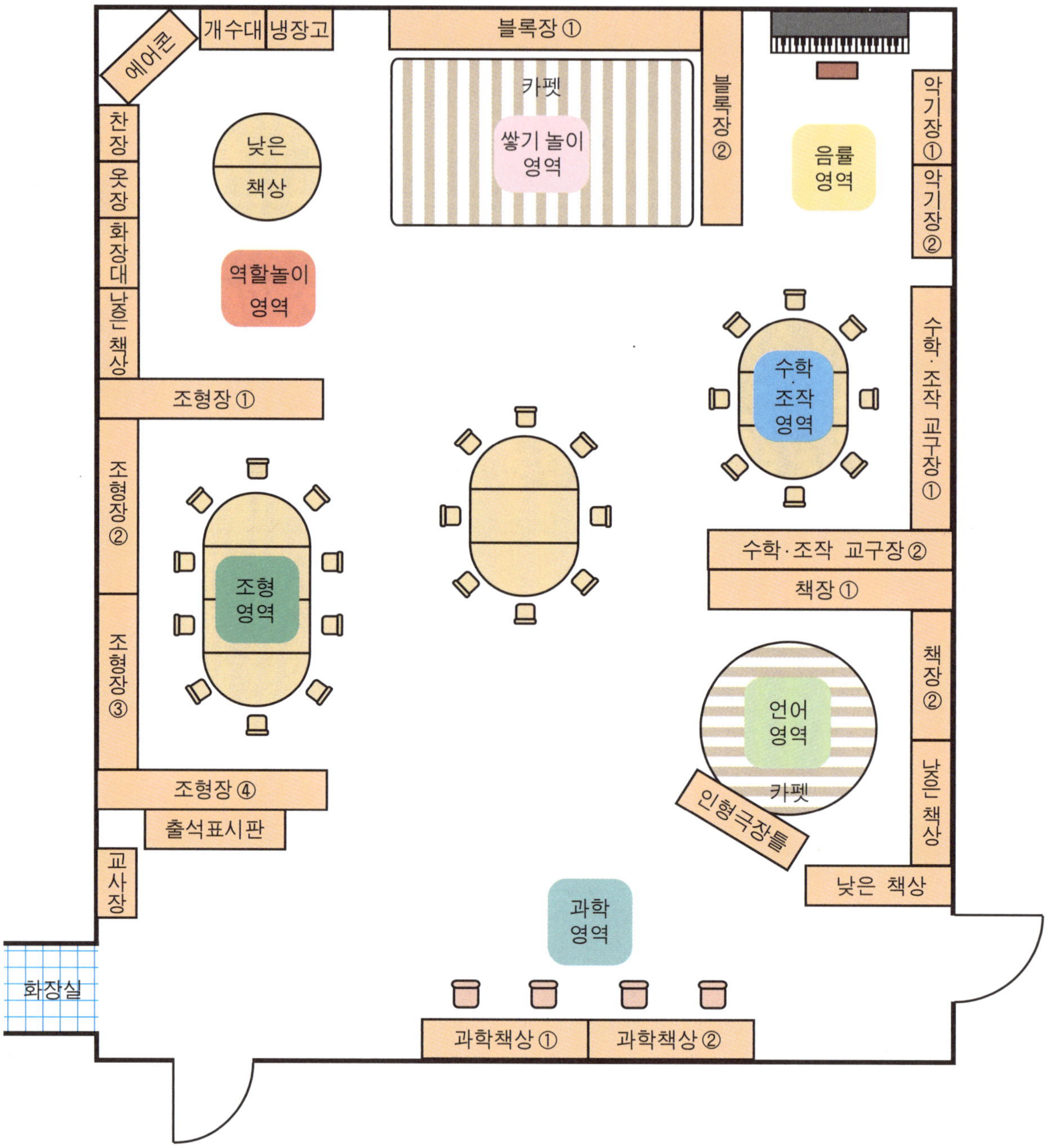

1) 교실 벽면

(1) 출석표시판

땅, 하늘, 바다를 출석표시판의 배경으로 각 교통기관이 다니는 길(예: 철로, 차도 등)을 구성한다. 유아들이 그린 그림(예: 좋아하는 교통기관, 미래의 교통기관 등)을 출석표시 그림으로 제시한다.

생활주제 '교통기관' 출석표시판

출석표시 그림의 예

(2) 벽면 전시

교실 벽면에 육상 · 해상 · 항공 교통기관의 그림 또는 사진과 육상 · 해상 · 항공 교통기관이 발달해온 과정을 알아볼 수 있는 화보를 게시한다. 또한 교통안전에 관련된 화보나 그림(예: 바르게 길 건너는 방법, 비오는 날 안전하게 보행하기, 여러 가지 교통기관 표시 그림 등)도 함께 게시해주어 일상생활 속에서 교통안전 규칙을 알 수 있도록 한다. 생활주제 '교통기관' 을 전개하는 동안 유아들의 조형 활동 완성 작품(예: 교통기관 모래종이 그림 등)을 벽면에 전시하여 유아들과 함께 감상한다.

2) 흥미 영역

(1) 언어 영역

육상 · 해상 · 항공 교통기관의 종류와 기능에 관련된 책, 교통기관을 이용한 경험을 주제로 한 책 등을 책장에 비치한다. 벽면에는 '교통기관' 생활주제와 관련하여 배운 동시자료를 게시하여 유아들이 동시를 스스로 낭송해보거나 새롭게 지어볼 수 있도록 한다.

① 말하기 영역

'교통기관' 생활주제에서 감상한 동화 자료(예: 신나는 자동차 놀이, 꼬마 자동차 또또 등)를 제시하여 유아들이 동화의 내용을 회상하며 등장인물들을 직접 조작해 볼 수 있도록 한다. 또한 유아들이 스스로 교통기관에 관련된 이야기를 지어 말해볼 수 있도록 다양한 교통기관 모형, 사람 모형 등을 제시한다.

② 듣기 영역

유아들이 육상 · 해상 · 항공교통기관의 소리를 듣고 해당하는 소리에 맞는 교통기관을 찾는 활동을 할 수 있도록 다양한 교통기관의 사진과 각 교통기관의 소리가 녹음된 카세트테이프(또는 CD), 카세트테이프(또는 CD) 플레이어를 제공한다. 더불어 교사가 녹음한 교통기관 관련 동화(예: 사랑스런 딱정벌레차, 검피아저씨의 드라이브 등)를 그림 자료와 함께 제시하여 이야기를 들으며 글자와 연결 짓거나 그림을 조작할 수 있도록 한다. 이때 유아들이 스스로 카세트테이프(또는 CD) 플레이어를 조작할 수 있도록 카세트테이프(또는 CD) 플레이어 버튼에 색깔 스티커를 붙이고 각 버튼의 기능을 글과 그림으로 표시한 안내판을 벽면에 게시하여 유아의 듣기 활동을 격려한다.

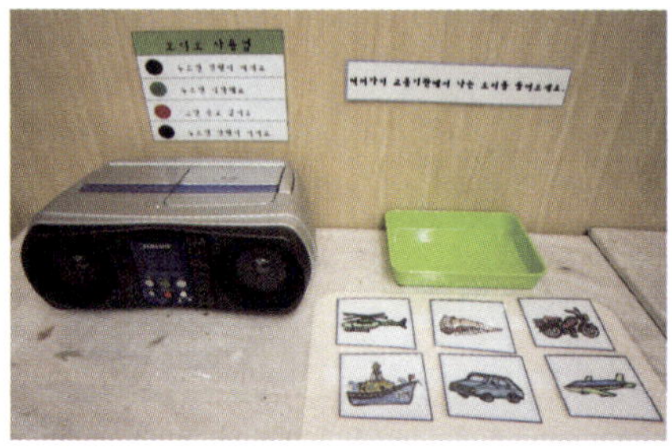
녹음된 소리에 해당하는 교통기관 찾기

(2) 쌓기 놀이 영역

'교통기관' 생활주제와 관련된 놀이를 할 수 있도록 다양한 크기와 종류의 교통기관 모형 및 소품(예: 플라스틱 사람 인형, 교통표지판 등)을 첨가 · 교체해 준다. 벽면에는 여러 가지 종류의 교통기관 사진, 도로표지판 그림 등을 게시한다. 또한 다양한 형태의 경사로를 만들어 놀이할 수 있도록 널빤지블록, 유니트블록도 함께 제공한다.

쌓기 놀이 영역 교구장

교통기관 관련 놀이를 위한 소품

(3) 역할 놀이 영역

유아들이 교통기관을 이용해보았던 경험을 회상하며 원하는 교통기관과 관련된 놀이를 할 수 있도록 역할 놀이 영역을 구성한다. 기본적인 역할 놀이 영역의 구성을 유지하면서 놀이에 필요한 놀잇감을 추가하거나 역할 놀이 영역에 제공된 가구, 놀잇감 등을 재배치하여 새롭게 놀이 공간을 구성한다. 이때 교통기관과 관련된 일을 하는 사람들이 입는 옷이나 사용하는 소품 등을 함께 제공하여 유아들이 다양한 역할을 맡아 놀이를 할 수 있도록 지원한다. 놀이를 전개하는 과정에서 유아들과 놀이 평가를 함으로써 놀이를 확장하거나 더욱 재미있게 할 수 있는 방법을 생각하도록 한다.

고속열차 놀이를 위한 환경 구성

유아들과 함께 구성한 고속열차 내부

(4) 수학 · 조작 영역

육상 · 해상 · 항공 교통기관의 종류 및 모습, 교통기관의 기능, 교통기관의 발달과정 등에 관련된 수학 · 조작 교구(예: 교통기관 모습 퍼즐 맞추기, 교통기관 그림 연결하기, 기차여행 판게임 등)를 제시하여 유아들이 수학적 사고 능력을 기를 수 있도록 한다.

수학 · 조작 영역 교구장

(5) 과학 영역

'교통기관' 생활주제와 관련하여 유아들이 관심을 갖는 주제로 과학 영역을 구성한다. 예를 들어 자석과 도르래의 원리를 사용하여 여러 종류의 자동차를 주차하거나 이동시키는 활동, 다양한 경사로에서 자동차를 굴려볼 수 있는 활동 등을 제시할 수 있다. 경사로에 자동차를 굴려보는 활동의 경우 유아들이 경사도에 따라 달라지는 속도감을 느낄 수 있도록 널빤지와 널빤지를 받힐 블록을 제공한다. 널빤지 표면의 특징에 따라 속도가 달라짐을 경험할 수 있도록 모래종이, 빨대 등으로 제작한 다양한 질감의 널빤지를 제시한다.

경사로에 자동차 굴리기

(6) 조형 영역

기본적인 조형재료(예: 색연필, 사인펜, 네임펜, 매직, 크레파스, 셀로판테이프, 딱풀, 안전가위, 도화지, 재활용품 등)를 제공하여 유아들이 자유롭게 사용할 수 있도록 한다. 여러 가지 교통기관의 사진이나 그림이 담긴 잡지, 다양한 크기의 상자와 플라스틱 용기, 뚜껑, 속심 등을 조형 영역 장에 마련해두어 유아들이 작품을 만들 때 자유롭게 사용할 수 있도록 한다. 또한 실내자유선택활동 시간 유아들이 경험한 조형 활동에서 사용했던 자료들도 지속적으로 사용할 수 있도록 조형 영역 장에 준비해 놓는다.

조형 영역 전경

조형 활동자료 제시

(7) 음률 영역

샌드블록, 카바사, 귀로, 방울악기, 실로폰와 같은 악기를 제공하여 유아들이 악기의 소리를 탐색하며 노래의 리듬에 맞게 빠르기와 세기를 조절하여 연주할 수 있도록 지도한다. 또한 카세트테이프(또는 CD) 플레이어와 '교통기관' 생활주제 관련 음악 카세트테이프(또는 CD)를 비치하여 유아들이 음악을 들으며 노래를 부르거나 악기를 연주할 수 있도록 한다. 벽면에는 교통기관 관련 노래가 있는 그림이나 색깔 악보를 게시한다.

음률 영역 전경

음률 영역 교구장

3장

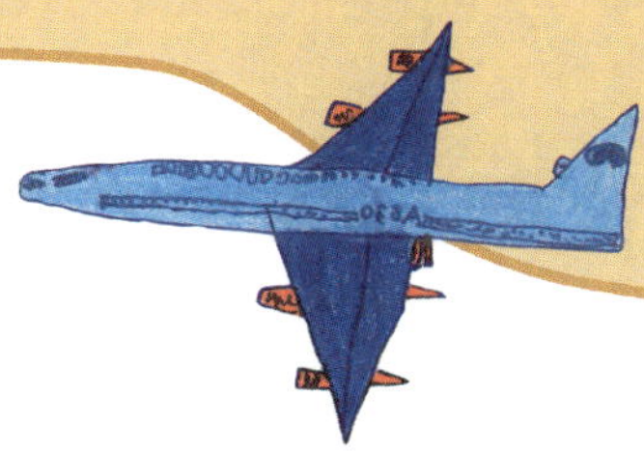

활 동

1. 육상교통기관
2. 해상교통기관
3. 항공교통기관

★ 주제별 활동 목록

구분		육상교통기관	해상교통기관	항공교통기관
자유 선택 활동	쌓기 놀이 영역	버스 만들기		
	역할 놀이 영역	고속열차 놀이		
	언어 영역			교통기관 글자 만들기
	수학 · 조작 영역	제 트럭을 찾아주세요		여러 가지 교통기관 타기
	과학 영역	자동차 경사로에 굴리기		
	조형 영역	상자로 자동차 만들기 바퀴 모양 찍기 기차 만들기	모래종이 그림	교통기관 고무판화
	음률 영역			교통기관 노래 녹음해서 듣기
	실외 영역	상자로 만든 자동차로 놀이하기		
대소 집단 활동	이야기나누기	땅, 하늘, 바다의 교통기관 육상교통기관 I - 자동차와 버스 육상교통기관 II - 기차와 지하철 육상교통기관의 발달	해상교통기관 해상교통기관의 발달 '나룻배' 감상	항공교통기관 - 비행기와 헬리콥터 항공교통기관의 발달
	동화 · 동극 · 동시	신 나는 자동차 놀이(동극) 꼬마 자동차 뜨뜨(동극) 신호등(동시) 바퀴가 하나(동시)	돛단배(동시)	
	노래 · 음악감상 · 악기연주	길조심(노래) 씽씽 굴러가는 바퀴(노래) 이상한 기차(노래) 크시코스의 우편마차(음악감상)	돛단배(노래)	비행기(노래)
	율동	자전거		비행기 철이의 모험
	신체	자동차 경주(게임) 자동차 전달하기(게임) 누워서 자전거 타기(체육)	배에 물건 싣기(게임) 높이 뛰기(체육)	종이비행기 날리기(게임)
	수학			교통기관에서 원 · 세모 · 네모 찾기
	과학		배가 뜨는 원리	
	사회	버스 · 지하철 안전 규칙 동네 안전 규칙		

※ 본 교재에 수록된 활동은 만 4세 '교통기관' 생활주제에서 실시하고 있는 교육활동 중 일부만 소개된 것입니다.

1. 육상교통기관

땅, 하늘, 바다의 교통기관 / 육상교통기관 Ⅰ – 자동차와 버스 / 육상교통기관 Ⅱ – 기차와 지하철
/ 육상교통기관의 발달 / 신 나는 자동차 놀이 / 꼬마 자동차 또또 / 상자로 자동차 만들기
/ 상자로 만든 자동차로 놀이하기 / 자동차 경사로에 굴리기 / 바퀴 모양 찍기 / 자동차 경주
/ 자동차 전달하기 / 신호등 / 길조심 / 씽씽 굴러가는 바퀴 / 바퀴가 하나 / 자전거
/ 누워서 자전거 타기 / 버스 만들기 / 기차 만들기 / 이상한 기차 / 고속열차 놀이
/ 크시코스의 우편마차 / 제 트럭을 찾아주세요 / 버스 · 지하철 안전 규칙 / 동네 안전 규칙

활동 1 땅, 하늘, 바다의 교통기관

집단형태

대집단활동

활동유형

이야기나누기

활동자료

땅, 하늘, 바다를 표시한 배경판, 다양한 교통기관 그림자료(예: 자동차, 버스, 오토바이, 기차, 자전거, 비행기, 헬리콥터, 배, 잠수함 등), 손인형

교통기관 그림자료

배경판

TIP 본 활동은 교통기관 이야기나누기 활동 중 가장 먼저 실시하는 활동으로 교통기관의 종류를 간단하게 살펴보는 것에 초점을 두고 유아들의 사전 지식을 점검해본다. 각각의 교통기관에 대해서는 육상, 해상, 항공으로 분류하여 구체적으로 이야기나누도록 한다.

활동목표

- 다양한 교통기관의 이름과 특징을 안다.
- 교통기관을 기준에 따라 분류한다.

활동방법 TIP

○ 교통기관 그림을 소개하며 게시판에 붙인다.
- 여러 가지 교통기관 그림이 있어요.
- (그림을 차례로 붙이며) 이것은 무엇인가요?
  - 여객선, 잠수함, 자동차, 버스, 트럭, 자전거, 헬리콥터

○ 교통기관 그림을 기준에 따라 분류해본다.
- 이 그림들을 친구가 될 수 있는 것끼리 모아봅시다. 누가 나와서 모아볼까요?
- 왜 이렇게 모았나요?
  - 바퀴가 있는 것끼리 모았다.
  - 색깔이 같은 것끼리 모았다.
  - 땅(하늘, 바다)으로 다니는 것끼리 모았다.

○ 각 교통기관 그림을 배경판에 붙인다.
- 교통기관이 다니는 곳을 그린 그림이 있어요.
- 이곳은 어디인가요?
  - 땅
- 땅에서는 어떤 것들이 다니나요? 땅으로 다니는 교통기관 그림을 붙여봅시다.
  - 자동차, 버스, 오토바이 등
- 이곳은 어디인가요?
  - 하늘
- 하늘에는 어떤 것들이 다니나요? 하늘로 다니는 교통기관 그림을 붙여봅시다.
  - 헬리콥터, 비행기 등
- 이곳은 어디인가요?
  - 바다
- 바다에는 어떤 것들이 다니나요? 바다로 다니는 교통기관 그림을 붙여봅시다.
  - 배, 잠수함 등

○ 그림자료에 제시된 교통기관 이외에 유아들이 알고 있는 교통기관 그림을 그려서 배경판에 붙인다.

- 더 알고 있는 교통기관이 있나요? 무엇인가요?
  - 기차, 지하철
- 기차(지하철)는 어디로 다니나요?
  - 기차는 기찻길로 다닌다. 터널을 지나기도 한다.
  - 지하철은 땅 속의 지하철 길로 다닌다. 다리를 지나기도 한다.
- 방안놀이 시간에 자신이 알고 있는 교통기관 그림을 그려서 배경판에 붙여보세요.

관련활동

- 이야기나누기 '육상교통기관 I - 자동차와 버스' (20쪽 참고)
- 이야기나누기 '육상교통기관 II - 기차와 지하철' (22쪽 참고)
- 이야기나누기 '해상교통기관' (70쪽 참고)
- 이야기나누기 '항공교통기관 – 비행기와 헬리콥터' (88쪽 참고)

활동 2

육상교통기관 Ⅰ - 자동차와 버스

집단형태

대집단활동

활동유형

이야기나누기

활동자료

육상교통기관 사진자료, 자동차 경적 소리 효과음

활동목표

- 육상교통기관의 종류에 대하여 안다.
- 자동차와 버스의 같은 점과 다른 점을 안다.

활동방법

○ 자동차 소리를 듣고 알아맞힌다.

- (자동차 경적 소리를 들려주며) 무슨 소리일까요?
  - 자동차의 경적 소리

○ 육상교통기관의 종류에 대하여 이야기나눈다.

- 자동차는 어디로 다니나요?
  - 땅으로 다닌다.
  - 길로 다닌다. 자동차가 다니는 길을 '차도' 라고 한다.
- 사람들이 땅에서 타고 다니는 것에는 무엇이 있을까요?
  - 자전거, 오토바이, 버스, 기차, 지하철 등이 있다.

○ 자동차에 대하여 이야기나눈다.

- 자동차는 어떻게 생겼나요?
  - 바퀴가 4개 있다.
  - 창문과 문이 있다.
  - 앞과 뒤에 불빛이 나오는 등이 있다.
  - 유리창에는 비가 올 때 빗물을 닦아주는 와이퍼가 있다.
  - 기름 넣는 곳이 있다.
  - 자동차 앞유리 양 옆에는 거울이 달려있다.
  - 자동차 안에는 의자와 운전대가 있다.
- 자동차 운전하는 것을 본 적 있나요? 어떻게 하나요?
  - 열쇠를 꽂거나 버튼을 눌러 시동을 건다.
  - 손으로 운전대를 잡고 원하는 방향으로 운전대를 돌린다.
  - 발로 페달을 밟는다.

○ 버스에 대하여 이야기나눈다.

- 버스를 타본 적 있나요? 언제 탔나요?

■ 버스는 어떻게 생겼나요? 자동차와 같은 점은 무엇인가요?

- 바퀴가 4개이다.
- 창문과 문이 있다.
- 앞과 뒤에 불빛이 나오는 등이 있다.
- 유리창에 와이퍼가 있다.
- 기름 넣는 곳이 있다.
- 버스의 앞유리 양 옆에는 거울이 달려있다.
- 버스 안에는 의자와 운전대가 있다.

■ 버스와 자동차의 다른 점은 무엇일까요?

- 버스는 자동차보다 크다.
- 버스의 바퀴는 자동차의 바퀴보다 크다.
- 버스는 문이 2개 있다. 사람들은 버스의 앞에 있는 문으로 타고 뒤에 있는 문으로 내린다.
- 버스 안은 넓고 의자가 많다.
- 버스는 여러 사람들이 원하는 정류장에서 타거나 내릴 수 있게 정해진 정류장마다 선다.
- 사람들이 버스에 탈 때 돈을 내거나 교통카드를 사용한다.
- 버스에는 번호가 있다.
- 버스가 정차하는 정류장 이름이 적혀있다.

육상교통기관

해상교통기관

항공교통기관

자동차와 버스에 대해 알아보기

관련활동

■ 이야기나누기 '땅, 하늘, 바다의 교통기관' (18쪽 참고)

■ 이야기나누기 '육상교통기관 II – 기차와 지하철' (22쪽 참고)

■ 노래 '씽씽 굴러가는 바퀴' (48쪽 참고)

■ 노래 '길조심' (46쪽 참고)

활 동 3

육상교통기관 Ⅱ - 기차와 지하철

집단형태

대집단활동

활동유형

이야기나누기

활동자료

육상교통기관 사진자료, 기차 운행 소리 효과음

활동목표

- 육상교통기관의 종류에 대하여 안다.
- 기차와 지하철의 같은 점과 다른 점을 안다.

활동방법

○ 기차 운행 소리를 듣고 알아맞힌다.

- (기차 운행 소리를 들려주며) 무슨 소리일까요?
  - 기차가 달릴 때 나는 소리이다.

○ 기차에 대하여 이야기 나눈다.

- 기차를 타본 적이 있나요?
  - 부산에 갈 때 타보았다.
  - 임진각에 갈 때 타보았다.
- 기차는 어떻게 생겼나요?
  - 열차 여러 칸(량)이 길게 이어져 있다.
  - 각 칸(량)마다 창문과 문이 있다.
- 기차를 탔을 때 기분이 어땠나요?
  - 기차가 빨리 달려서 기분이 좋았다.
- 어떤 소리가 들렸나요?
  - '덜컹덜컹' 하는 소리가 났다.

○ 지하철에 대하여 이야기 나눈다.

- 지하철을 타본 적이 있나요?
  - 아빠와 함께 놀이동산에 갈 때 타보았다.
  - 할머니와 서점에 갈 때 타보았다.
- 지하철은 어떻게 생겼나요?
  - 기차처럼 열차 여러 칸(량)이 길게 이어져 있다.
  - 각 칸(량)마다 창문과 문이 있다.
  - 주로 땅 속의 길로 다닌다.

○ 기차와 지하철의 같은 점과 다른 점을 이야기나눈다.

- 기차와 지하철은 어떤 점이 비슷한가요?

- 열차가 길게 이어져 있다.
- 여러 사람이 탈 수 있다.
- 각 칸(량)마다 문과 창문이 있다.
- 표를 사야 탈 수 있다.

■ 어떤 점이 다른가요?

- 기차는 땅 위로 다니고, 지하철은 주로 땅 속으로 다닌다.
- 기차는 지하철보다 먼 곳까지 간다.
- 지하철과 KTX는 전기의 힘으로 달리고, 대부분의 기차는 연료의 힘으로 달린다.

관련활동

■ 이야기나누기 '땅, 하늘, 바다의 교통기관' (18쪽 참고)

■ 이야기나누기 '육상교통기관 I – 자동차와 버스' (20쪽 참고)

■ 노래 '이상한 기차' (58쪽 참고)

■ 사회 '버스 · 지하철 안전 규칙' (65쪽 참고)

활 동 4

육상교통기관의 발달

집단형태

대집단활동

활동유형

이야기나누기

활동자료

육상교통기관의 발달 과정을 나타내는 그림자료, 게시판

'육상교통기관 발달 과정' 그림자료

육상교통기관 발달 과정 이야기하기

짐 아래에 둥근 나무 블록 놓고 굴려보기

활동목표

- 육상교통기관의 발달에 관심을 갖는다.
- 육상교통기관이 사람에게 주는 이로움을 안다.

활동방법

○ 육상교통기관의 종류에 대해 이야기 나눈 내용을 회상한다.
- 사람들이 땅에서 타고 다니는 것에는 무엇이 있었나요?
  - 승용차, 버스, 오토바이, 기차, 자전거 등

○ 육상교통기관의 발달 과정에 대해 이야기 나눈다.
- 옛날에는 자동차가 있었을까요?
- 자동차가 없었던 옛날에는 어떻게 다녔을까요?
  - 걸어서 다녔다.
- 먼 길을 걸어서 다니면 어땠을까요?
  - 힘들었을 것이다.
  - 시간이 오래 걸렸을 것이다.
- 사람들은 멀리까지 편하게 갈 수 있는 방법을 생각해보았어요. 어떻게 했을까요?
  - 동물(예: 말, 낙타 등)을 타고 다녔다.
  - 사람들이 끄는 가마나 인력거를 타고 다녔다.
- 요즘은 동물이나 사람 대신 기계의 힘으로 움직이는 자동차를 타고 다닐 수 있어요.

○ 짐을 실어 나르는 육상교통기관에 대해 이야기 나눈다.
- 트럭은 어떤 일을 하는 차인가요?
  - 여러 가지 물건이나 짐을 실어 옮기는 차이다.
- 트럭이 없었던 옛날에는 어떻게 짐을 옮겼을까요?
  - 손으로 들어서 옮겼다.
  - 둥근 나무 토막 여러 개를 밑에 놓고 짐을 굴려서 옮겼다.
  - 동물(예: 소, 말 등)에 짐을 실어 이동했다.
  - 바퀴를 만들고 수레를 만들어서 옮겼다.

○ 육상교통기관의 이로운 점에 대해 이야기 나눈다.

- 자동차, 트럭이 있어서 좋은 점은 무엇인가요?
  - 먼 곳까지 빠른 시간에 갈 수 있다.
  - 무거운 짐을 싣고 다닐 수 있어 편리하다.

관련활동

- 이야기나누기 '육상교통기관 I – 자동차와 버스' (20쪽 참고)
- 이야기나누기 '육상교통기관 II – 기차와 지하철' (22쪽 참고)
- 이야기나누기 '해상교통기관의 발달' (72쪽 참고)
- 이야기나누기 '항공교통기관의 발달' (90쪽 참고)

활동 5

신 나는 자동차 놀이

집단형태

대집단활동

활동유형

동극

활동자료

테이블 동화자료(예: 철이, 영이, 강아지, 고양이, 토끼, 모자, 운전대, 바퀴, 창문, 기름통 등)

'신 나는 자동차놀이' 동화자료

활동목표

- 자동차를 구성하는 부분에 대해 안다.
- 동화의 내용을 이해하고 극으로 표현한다.
- 동극을 관람하는 바른 태도를 기른다.

활동방법

○ 동화를 듣고 난 뒤 동극을 할 것임을 알려준다.

- 동화를 듣고 동극을 하는 데 필요한 사항을 당부한다.
  - 어떤 등장인물이 나와서 어떤 말을 하는지 기억하면서 듣는다.
  - 동극을 하기 위해서는 어떤 준비물과 무대가 필요한지 생각하면서 듣는다.

○ '신 나는 자동차 놀이' 테이블 동화를 들려준다.

○ 유아들과 동화의 내용과 대사를 회상한다.

- 철이는 무엇을 선물로 받았나요?
  - 커다란 모자
- 다 같이 철이가 되어서 말해볼까요?
  - "이렇게 커다란 모자로 무엇을 할까? 그래! 자동차 놀이를 해야겠다. 부릉~ 부릉~"
- 철이가 자동차 놀이를 하고 있는데 누가 찾아왔나요?
  - 영이
- 선생님이 철이가 되고 ○○○ 반 어린이들이 영이가 되어서 이야기해봅시다.
- 그다음에는 누가 왔나요?
  - 강아지
- ○○○ 반 어린이들이 철이가 되어서 말하면, 선생님이 강아지가 되어서 이야기할게요.
- 다음으로는 누가 찾아왔나요?
  - 고양이
- 남자 어린이들이 철이가 되고, 여자 어린이들이 고양이가 되어서 이야기해보세요.
- 마지막으로 누가 왔나요?
  - 토끼

육상교통기관

해상교통기관

항공교통기관

■ 이번에는 여자 어린이들이 철이가 되고, 남자 어린이들이 토끼가 되어서 이야기해보세요.

■ 다함께 자동차 놀이하는 것처럼 흉내내 볼까요?

• 부릉~ 부릉~

○ 동극 무대 꾸미기에 대해 의논하고 무대를 꾸민다.

■ 동극을 하려면 어떤 곳이 필요할까요?

• 자동차를 만들 곳이 필요하다.

■ 자동차는 어디에 만드는 것이 좋을까요?

• 모든 사람들이 잘 볼 수 있도록 무대 가운데에 만든다.

○ 동극 소품을 준비한다. TIP

■ 자동차 놀이를 하려면 무엇이 필요한가요?

• 자동차 몸체, 운전대, 바퀴, 창문, 주유기

■ 자동차 몸체(운전대, 바퀴, 창문, 주유기)는 무엇으로 하면 좋을까요?

• 유아들의 의견을 듣고 정한 후 준비한다.

○ 동극의 배역을 정한다.

■ 동화에 누가 나왔나요?

• 철이, 영이, 강아지, 고양이, 토끼

■ 어떤 역할을 하고 싶은지 생각해보세요.

■ 토끼(고양이, 강아지, 영이, 철이) 역할을 하고 싶은 사람은 손을 드세요.

■ 역할을 맡은 사람들은 앞으로 나오세요.

○ 배역을 맡은 유아들이 앞으로 나와 한 줄로 서서 자기소개를 한다.

• 저는 ○○를 맡은 ○○○ 입니다.

○ 동극할 준비를 한다.

■ 철이는 무대 가운데로 가세요. 동극을 잘 볼 수 있도록 선생님도 자리를 옮길게요. 다른 역할을 맡은 사람들은 선생님 옆에 앉아서 차례가 될 때까지 기다리세요.

○ 동극을 한다.

■ 지금부터 ○○○ 반 어린이들의 '신 나는 자동차 놀이' 동극을 시작하겠습니다.

○ 동극이 끝나면 동극을 한 유아들이 인사를 하고 자리에 앉는다.

○ 동극을 평가한다.

■ 동극이 재미있었나요? 어떤 점이 재미있었나요?

• 주유기로 기름을 넣어주는 것이 재미있었다.

• '부릉~ 부릉~' 소리를 내는 것이 재미있었다.

• 마지막에 다 같이 자동차 놀이를 한 것이 재미있었다.

■ 동극을 더 재미있게 하려면 어떻게 하는 것이 좋을까요?

• 자동차를 더 크게 만든다.

TIP 소품을 정할 때 유아들의 의견을 반영하되 안전을 고려하여 지나치게 무겁거나 세우기 어려운 물건은 사용하지 않는다.

무대 준비하기

'신 나는 자동차 놀이' 동극하기

• ○○○ 반 어린이들이 다함께 동극을 한다.

○ 평가 내용을 반영하여 두 번째 동극을 한다.

○ 동극을 마친 후 유아들과 함께 무대를 정리한다.

확장활동

■ '신 나는 자동차 놀이' 동극을 한 후 학급 유아들이 모두 참여할 수 있도록 '신 나는 기차 놀이'로 동화의 내용을 바꾸어 동극을 한다. 무대를 꾸밀 때 학급 유아 수만큼 의자를 두 줄로 길게 놓아 기차를 만들고 블록으로 창문, 바퀴를 만든다.

'신 나는 기차 놀이' 동극하기

관련활동

■ 조형 영역 '상자로 자동차 만들기' (34쪽 참고)
■ 신체(게임) '자동차 경주' (40쪽 참고)
■ 쌓기 놀이 영역 '버스 만들기' (55쪽 참고)

동 화

신 나는 자동차 놀이

어느 날 철이는 삼촌에게 커다란 모자를 선물로 받았어요. 그런데 그 모자는 너무 커서 머리에 쓸 수가 없었어요.

철 이　이렇게 커다란 모자로 무엇을 할까?

한참 동안 생각하던 철이는 재미있는 생각을 했어요.

철 이　그래! 자동차 놀이를 해야겠다.

철이는 모자 속으로 들어갔습니다.

철 이　부릉~ 부릉~

그 때 영이가 왔습니다.

영 이　철이야, 안녕? 무슨 놀이를 하고 있니?
철 이　자동차 놀이를 하고 있어.
영 이　자동차라고? 그런데 운전대가 없네. 내가 만들어줄까?
철 이　그래, 고마워. 우리 같이 놀자.

영이는 운전대를 달아주고 자동차에 함께 탔습니다.

철이 · 영이 부릉~ 부릉~

그 때 강아지가 왔습니다.

강아지 얘들아, 안녕? 무슨 놀이를 하고 있니?
철이 · 영이 자동차 놀이를 하고 있어.
강아지 자동차라고? 그런데 바퀴가 없네. 내가 만들어줄까?
철이 · 영이 그래, 고마워. 우리 같이 놀자.

그래서 강아지는 바퀴를 달아주고 자동차에 함께 탔습니다.

철이 · 영이 · 강아지 부릉~ 부릉~

그 때, 고양이가 왔습니다.

고양이 얘들아, 안녕? 무슨 놀이를 하고 있니?
철이 · 영이 · 강아지 자동차 놀이를 하고 있어.
고양이 자동차라고? 그런데 창문이 없네. 내가 만들어줄까?
철이 · 영이 · 강아지 그래, 고마워. 우리 같이 놀자.

고양이는 창문을 달아주고 자동차에 함께 탔습니다.

철이 · 영이 · 강아지 · 고양이 부릉~ 부릉~

그 때, 토끼가 왔습니다.

토 끼 얘들아, 안녕? 무슨 놀이를 하고 있니?
철이 · 영이 · 강아지 · 고양이 자동차 놀이를 하고 있어.
토 끼 자동차라고? 그런데 기름을 안 넣었네. 내가 넣어줄까?
철이 · 영이 · 강아지 · 고양이 그래, 고마워. 우리 같이 놀자.

토끼는 기름을 넣고 자동차에 함께 탔습니다.

철이 · 영이 · 강아지, 고양이, 토끼 부릉~ 부릉~

철이와 영이와 강아지, 고양이, 토끼는 멋지게 완성된 자동차를 타고 재미있게 놀았습니다.

활 동
6 꼬마 자동차 또또

집단형태

대집단활동

활동유형

동극

활동자료

테이블 동화자료(예: 꼬마 자동차 또또, 소방차, 경찰차, 트럭, 구급차, 어린이 등)

테이블 동화자료

활동목표

- 자동차의 종류와 기능에 관심을 갖는다.
- 동화의 내용을 이해하고 등장인물의 특징에 맞는 말과 몸짓으로 표현한다.
- 동극을 관람하는 바른 태도를 기른다.

활동방법

○ 동화를 듣고 난 뒤 동극을 할 것임을 알려준다.
- 동화를 듣고 동극을 하는 데 필요한 사항을 당부한다.
  - 어떤 등장인물이 나와서 어떤 말을 하는지 기억하면서 듣는다.
  - 동극을 하기 위해서는 어떤 준비물과 무대가 필요한지 생각하면서 듣는다.

○ '꼬마 자동차 또또' 테이블 동화를 들려준다.

○ 유아들과 동화의 내용과 대사를 회상해본다.
- 또또는 함께 놀 친구를 찾으려고 뭐라고 말했나요?
  - "아이, 심심해. 나와 같이 놀 친구가 없을까?"
- 그 때 어떤 차가 왔나요?
  - 소방차
- 소방차는 어떤 소리를 내면서 왔나요? 다 같이 흉내내볼까요?
  - 앵~ 앵~
- ○○○ 반 어린이들이 또또가 되어서 말하면, 선생님이 소방차가 되어서 말할게요.
- 그 다음엔 어떤 차가 왔나요?
  - 경찰차
- 경찰차 소리도 흉내내볼까요?
  - 삐뽀~ 삐뽀~
- 이번에는 선생님이 또또가 되고 ○○○ 반 어린이들이 경찰차가 되어서 이야기해보도록 해요.
- 트럭과 구급차도 위와 같은 방법으로 회상해본다.

○ 동극 무대 꾸미기에 대해 의논하고 무대를 꾸민다.
- 동극을 하려면 어떤 곳이 필요할까요?

• 차가 다니는 길

■ 길은 어디에 만드는 것이 좋을까요?

• 모든 사람들이 잘 볼 수 있도록 무대 가운데에 만든다.

■ 길을 어떻게 만들면 좋을까요?

• 종이벽돌블록을 나란히 놓는다.

• 할로우블록을 옆으로 눕혀서 놓는다.

■ 앞에 나와서 길을 만들어줄 사람이 있나요?

○ 동극 소품을 준비한다.

■ 동극을 하려면 어떤 것들이 필요한가요?

• 트럭이 싣는 짐

■ 트럭 역할을 맡은 사람이 들 짐은 어떤 것으로 정할까요?

• 종이벽돌블록

• 바구니

○ 동극의 배역을 정한다.

■ 동화에 누가 나왔나요?

• 또또, 소방차, 경찰차, 트럭, 구급차, 어린이

■ 어떤 역할을 하고 싶은지 생각해보세요.

■ 어린이(구급차, 트럭, 경찰차, 소방차, 또또) 역할을 하고 싶은 사람은 손을 드세요.

■ 역할을 맡은 사람들은 앞으로 나오세요.

○ 배역을 맡은 유아들이 앞으로 나와 한 줄로 서서 자기소개를 한다.

• 저는 ○○를 맡은 △△△입니다.

○ 동극할 준비를 한다.

■ 또또는 무대 가운데로 가세요. 동극을 잘 볼 수 있도록 선생님도 자리를 옮길게요. 다른 역할을 맡은 사람들은 선생님 옆에 앉아서 차례가 될 때까지 기다리세요.

○ 동극을 한다.

■ 지금부터 ○○○반 어린이들의 '꼬마 자동차 또또' 동극을 시작하겠습니다.

○ 동극이 끝나면 동극을 한 유아들이 인사를 하고 자리에 앉는다.

○ 동극을 평가한다.

■ 동극이 재미있었나요? 어떤 점이 재미있었나요?

• 소방차가 '앵~앵~' 소리를 내며 간 것이 재미있었다.

• 또또와 어린이가 친해진 것이 재미있었다.

• 트럭이 짐을 싣고 가는 것이 재미있었다.

• 또또가 움직이는 것이 재미있었다.

■ 동극을 더 재미있게 하려면 어떻게 하는 것이 좋을까요?

• 소방차, 경찰차, 구급차 역할을 맡은 사람들이 사이렌을 달면 좋겠다.

'꼬마 자동차 또또' 동극하기

○ 평가 내용을 반영하여 두 번째 동극을 한다.

○ 동극을 마친 후 유아들과 함께 무대를 정리한다.

관련활동

- 이야기나누기 '육상교통기관 I — 자동차와 버스' (20쪽 참고)
- 신체(게임) '자동차 경주' (40쪽 참고)

동 화

꼬마 자동차 또또

또또는 이제 막 자동차 공장에서 만들어져 나온 꼬마 자동차입니다. 또또는 여기저기를 둘러보며 함께 놀 친구를 찾았습니다.

또 또 아이, 심심해. 나와 같이 놀 친구가 없을까?

그 때 저쪽에서 빨갛고 커다란 차가 '앵~ 앵~' 소리를 내면서 달려왔습니다.

또 또 안녕? 넌 누구니?
소방차 앵~ 앵~ 난 소방차야.
또 또 소방차야, 나랑 같이 놀자.
소방차 미안하지만 난 바빠서 같이 놀 수가 없어. 빨리 불을 끄러 가야해. 앵~ 앵~

소방차는 서둘러 달려갔습니다. 또또가 다른 친구를 찾아 길을 가고 있는데, 이번에는 머리에 빨간 불과 파란 불을 달고 있는 차를 만났습니다.

또 또 안녕? 넌 누구니?
경찰차 삐뽀~ 삐뽀~ 난 경찰차야.
또 또 경찰차야, 나랑 같이 놀자.
경찰차 미안하지만 난 바빠서 같이 놀 수가 없어. 나쁜 사람을 잡으러 가야 해. 삐뽀~ 삐뽀~

경찰차도 급하게 달려갔습니다. 조금 더 가다가 보니 짐을 가득 실은 차가 왔습니다.

또 또 안녕? 넌 누구니?
트 럭 부릉~ 부릉~ 난 트럭이야.
또 또 트럭아, 나랑 같이 놀자.
트 럭 미안하지만 난 바빠서 같이 놀 수가 없어. 빨리 이 짐을 옮겨야 해. 부릉~ 부릉~

이렇게 말하고 트럭도 가버렸습니다. 다시 길을 가던 또또는 사이렌이 달린 하얀색 차를 만났습니다.

또 또 안녕? 넌 누구니?
구급차 이오~ 이오~ 난 구급차야.
또 또 구급차야, 나랑 같이 놀자.
구급차 미안하지만 난 바빠서 같이 놀 수가 없어. 아픈 사람을 병원에 데려다 줘야 해. 이오~ 이오~

구급차도 달려가 버렸습니다.

또 또 아이, 심심해. 난 누구랑 같이 놀지?

또또가 힘없이 가고 있는데 어디선가 우는 소리가 들렸습니다.

어린이 앙~ 앙~. 흑흑흑.
또 또 안녕? 그런데 너 왜 울고 있니?
어린이 발을 다쳐서 집까지 걸어갈 수가 없어.
또 또 그래? 걱정 마. 내가 집까지 데려다 줄게.
어린이 고마워.

또또는 어린이를 태우고 집까지 데려다 주었습니다. 또또와 어린이는 친한 친구가 되었습니다.

활동 7

상자로 자동차 만들기

집단형태

자유선택활동

활동유형

조형 영역

활동자료

여러 가지 모양과 크기의 상자, 바퀴 TIP 1, 조각 종이, 꾸미기 재료(예: 빨대 자른 것, 수수깡 자른 것, 스팽글, 빵끈, 색공 등), 유성 매직펜, 무독성 본드, 본드받침, 풀, 셀로판테이프, 작업 순서도, 자동차 사진 TIP 2

'상자로 자동차 만들기' 작업 준비

TIP 1 동일한 크기의 뚜껑 두 개에 송곳으로 구멍을 뚫어 바퀴를 만든다. 양쪽 바퀴의 구멍에 산적꽂이를 통과시키고 산적꽂이의 뾰족한 부분에 수수깡을 끼워 유아의 손이 찔리지 않도록 한다.

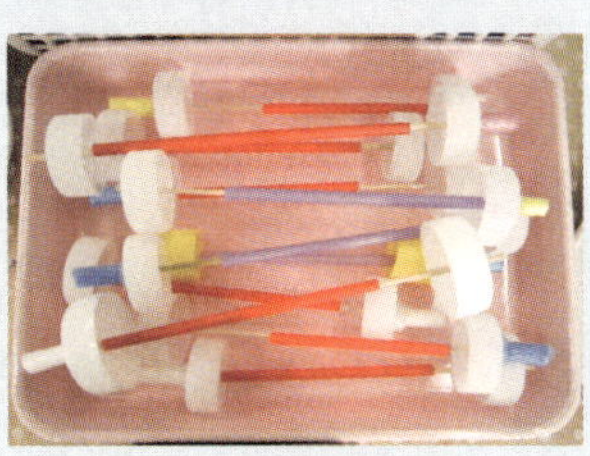

바퀴의 예

활동목표

- 자동차의 생김새를 안다.
- 여러 종류의 재활용품을 이용하여 조형 작품을 만든다.

활동방법

○ 어떤 자동차를 만들지 정한다.

- 여러 상자와 재활용품을 이용해서 자동차를 만들어 볼 거예요.
- 벽에 붙인 여러 가지 자동차를 보세요. 어떤 자동차들이 있나요? ○○가 좋아하는 자동차는 어떤 것인가요?
- 내가 좋아하는 자동차의 모양은 어떤가요? 색깔은 어떤가요? 몇 명이 탈 수 있는 자동차 인가요?

○ 자동차를 만들기 위해 필요한 것을 정한다.

- 자동차에 무엇이 있나요?
  - 바퀴, 창문, 전조등, 번호판, 운전대, 의자 등
- 자동차를 만들기 위해 필요한 상자들을 골라보세요.
- 창문과 전조등은 어떻게 만들면 좋을까요?
  - 색종이를 붙여 창문을 만든다.
  - 수수깡을 잘라 붙여 전조등을 만든다.
- 번호판은 어떻게 만들까요?
  - 종이에 숫자를 써서 붙인다.

○ 자동차를 만든다.

재활용품으로 자동차 만들기

○ 꾸미기 재료를 붙이거나 그림을 그려 자동차를 꾸민다.

○ 자동차에 바퀴를 단다.

- 선생님이 미리 바퀴를 만들어 놓았어요.
- 자동차의 크기와 모양에 어울리는 바퀴를 골라 본드나 셀로판테이프로 붙여보세요.

○ 완성된 자동차에 이름을 쓴다.

관련활동

- 실외 영역 '상자로 만든 자동차로 놀이하기' (36쪽 참고)

확장활동

- 쌓기 놀이 영역 근처 바닥에 도로 모양 깔개나 유아들이 그린 도로 그림을 깔고 자동차를 굴려보며 상상놀이를 한다.

TIP 2 벽면에 여러 가지 모양의 자동차 사진을 게시해 두어 유아들이 자동차를 만들 때 참고하게 한다.

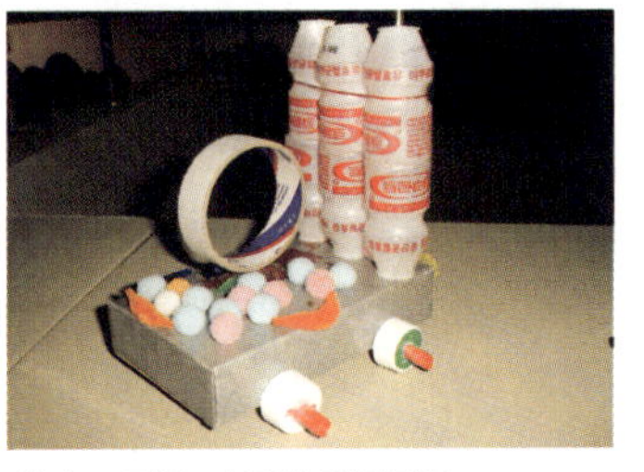

상자로 만든 자동차 완성작품

활 동 8

상자로 만든 자동차로 놀이하기

집단형태

자유선택활동

활동유형

실외 영역(베란다)

활동자료

유아들이 만든 자동차, 조각 자동찻길판, 교통표지판, 사람인형

활동목표

- 자동찻길을 구성하며 공간구성능력을 기른다.
- 교통안전규칙을 알고 실천한다.

활동방법

○ 실외 영역에서 활동자료를 보며 이야기나눈다.
- ○○○반 어린이들이 조형 영역에서 만든 자동차가 있어요.
- 이것은 무엇인가요?
  - 자동차 길이 그려진 판
- 자동차 길에 무엇이 있나요?
  - 횡단보도, 중앙선, 정지선 등

○ 놀이 방법에 대해 이야기나눈다.
- 자동차와 자동차 길로 어떻게 놀이할 수 있을까요?
  - 여러 자동차 길 판을 연결해서 길을 만든다.
  - 상자로 만든 자동차를 자동차길 위에 굴리며 놀이한다.

○ 놀이를 한다.

○ 놀이를 평가한다.
- 놀이를 하면서 어떤 점이 재미있었나요?
  - 자동차 길을 원하는 대로 연결할 수 있어서 재미있었다.
  - 친구들이 만든 자동차를 굴려보니 더욱 재미있었다.
- 어떻게 하면 더 재미있게 놀이할 수 있을까요?
- 더 필요한 놀잇감이 있나요?
  - 교통표지판, 사람 인형 등

○ 평가를 반영하여 놀이를 한다.

관련활동

- 이야기나누기 '육상교통기관 I – 자동차와 버스' (20쪽 참고)
- 조형 영역 '상자로 자동차 만들기' (34쪽 참고)

자동찻길 구성하여 놀이하기

활동 9 자동차 경사로에 굴리기

육상교통기관

해상교통기관

항공교통기관

활동목표

- 널빤지의 경사에 따른 자동차의 속도 변화를 탐색한다.
- 널빤지의 재질에 따른 자동차의 속도 변화를 탐색한다.

활동방법

○ 널빤지와 자동차를 보면서 어떻게 하면 자동차가 굴러갈 수 있을지를 추측해본다.

- 자동차가 널빤지 위를 구르게 하려면 어떻게 해야 할까요?
  - 널빤지 끝에 자동차를 놓고 손으로 힘차게 민다.
  - 널빤지의 한쪽 밑에 블록을 놓아 비탈길을 만든 다음 자동차를 굴린다.

○ 블록의 수에 따라 널빤지의 경사를 다르게 한 후 자동차를 굴려본다.

- 자동차가 스스로 구를 수 있도록 널빤지의 한 쪽 끝에 블록을 놓아 비탈길을 만들어 봅시다.
- 블록 두 개를 쌓고 그 위에 널빤지를 놓으면 블록 한 개 위에 널빤지를 놓을 때와 어떻게 다를까요?
  - 블록 두 개 위에 놓은 널빤지가 더 높아질 것이다.
  - 블록 두 개 위에 놓은 널빤지가 더 가파르다.
- 높은 곳에서 내려오는 자동차와 낮은 곳에서 내려오는 자동차 중 어느 자동차가 더 빨리 내려올까요?
  - 높은 곳에서 내려오는 자동차
- 각각 자동차를 굴려봅시다. 어느 곳에서 내려오는 자동차가 더 빠른가요?
- 널빤지를 받치는 블록의 개수를 달리 하여 자동차를 굴려봅시다.
  - 가파른 길을 내려오는 자동차가 더 빠르다.
  - 가파른 길에서는 힘을 주지 않아도 바퀴가 저절로 미끄러져 내려오기 때문이다.
- 가파른 비탈길을 내려오는 자동차가 미끄러지지 않도록 과속방지턱을 만들기도 해요.

○ 평평한 널빤지와 빨대(모래종이)를 붙인 널빤지 위에 자동차를 굴려본다. 이때 널빤지의 각도는 같게 한다.

- 두 개의 널빤지가 어떤 점이 다른가요?
  - 하나는 평평하고 하나는 널빤지에 빨대(모래종이)를 이어 붙여 울퉁불퉁하다(거칠다).

집단형태

자유선택활동

활동유형

과학 영역

활동자료

자동차, 긴 널빤지(평평한 것 2개), 널빤지에 깔아놓을 다양한 재질의 종이(모래종이나 빨대를 붙인 것), 블록 5개

'자동차에 경사로 굴리기' 환경 구성

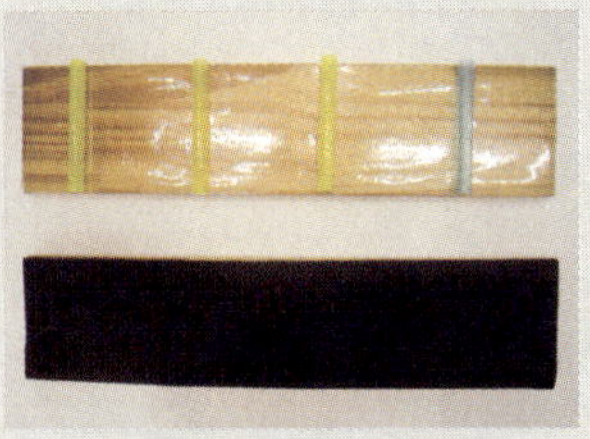

모래종이와 빨대를 붙인 판

■ 둘 중 어느 널빤지 위에서 자동차가 빨리 내려갈까요?

- 평평한 널빤지

■ 왜 그렇게 생각했나요?

- 길 바닥이 울퉁불퉁하기(거칠기) 때문에 자동차 바퀴가 잘 안 미끄러질 것이다.

■ 두 개의 널빤지 한쪽 끝에 블록을 하나씩 놓아 비탈길을 만들고 자동차를 굴려 봅시다.

평평한 널빤지 위에서 자동차 굴리기

모래종이 위에서 자동차 굴리기

활동 10 바퀴 모양 찍기

활동목표

- 바퀴의 특성에 관심을 갖는다.
- 바퀴의 구르는 성질을 이용하여 조형 작품을 만든다.

활동방법

○ 활동을 소개한다.
- 자동차가 지나가면서 만든 바퀴 자국을 본 적이 있나요? 어떤 모양이었나요?
- 여러 가지 모양과 크기의 바퀴가 달린 자동차가 있어요. 이 바퀴를 점토 위에 굴려서 바퀴자국을 만들어 볼 거예요.

○ 점토판 위에 점토를 올려놓고 밀대로 밀어 평평하고 넓게 만든다.
- 점토를 준비해봅시다. 점토 한 덩이를 점토판 위에 놓고 밀대로 밀어보세요. 점토가 어떻게 되었나요?
  - 넓어졌다.
  - 얇고 평평해졌다.

○ 점토 위에 자동차를 굴린다.
- 점토 위에 자동차를 굴려볼 거예요.
- 어떤 자동차를 굴려볼까요? 자동차를 골라보세요.
- 자동차 바퀴가 어떻게 생겼나요? 크기가 어떤가요? 바퀴에 무늬가 있나요? 어떤 무늬인가요?
- 이 자동차를 점토 위에 굴리면 점토에 어떤 모양 자국이 생길까요?
- 점토 위에 자동차를 굴려봅시다.

○ 여러 가지 바퀴 모양이 찍힌 점토를 말린다.

관련활동

- 노래 '씽씽 굴러가는 바퀴' (48쪽 참고)
- 동시 '바퀴가 하나' (50쪽 참고)

집단형태
자유선택활동

활동유형
조형 영역

활동자료
여러 가지 모양과 크기의 바퀴가 달린 자동차 모형, 점토, 점토판, 밀대, 물감, 붓, 물감통, 스펀지 또는 걸레

'바퀴모양 찍기' 작업 준비

점토를 밀대로 밀기

바퀴 모양 완성작품

활동 11

자동차 경주

집단형태

대집단활동

활동유형

신체(게임)

활동자료

유아들이 탈 수 있는 크기의 자동차 2대 TIP 1, 반환점 및 장애물 TIP 2 , 평가 자료(2가지 색 자동차 그림 각 15개), 게시판

유아들이 탈 자동차

활동대형

편대형

TIP 1 자동차는 종이상자를 활용하여 만들고 끈을 달아 유아들이 어깨에 멜 수 있게 한다.

활동목표

- 자동차의 기능에 관심을 갖는다.
- 민첩성과 신체조절능력을 기른다.

활동방법

○ 유아들이 양편으로 나누어 의자에 앉는다.

○ 게임 자료를 살펴보며 게임 방법을 이야기한다.

- 선생님의 옆에 무엇이 있나요?
  - 빨간색 자동차, 노란색 자동차
- ○○○ 반 어린이들 앞에는 무엇이 있나요?
  - 블록, 반환점
- 이 물건들로 어떤 게임을 할 수 있을까요?
  - 양 편에서 한 명씩 나와 자동차를 어깨에 메고 출발 준비를 한다.
  - 선생님이 출발신호를 하면 블록 사이를 지그재그로 지나가서 반환점을 돈다.
  - 돌아올 때는 블록 사이를 지그재그로 지나가지 않고 곧장 달려온다.
  - 먼저 도착한 사람이 이기는 게임이다.

○ 유아가 시범을 보인다.

○ 응원 태도에 대해 이야기한다.

- 다른 친구가 게임할 때는 어떤 태도로 봐야 할까요?
  - 바르게 앉아서 친구가 게임하는 모습을 본다.
  - 게임을 잘하게 박수를 쳐준다. 진 사람에게는 끝까지 잘 하라는 응원을 한다.

○ 편 이름을 정한다.

○ 평가 방법을 이야기한다.

- 먼저 들어온 사람이 속한 편에게 자동차 그림을 한 개 붙여줄 거예요.
- 자동차 그림이 많은 편이 이기는 게임이에요.

○ 게임을 한다.

○ 게임을 평가한다.

- 자동차가 몇 대인지 같이 세어보세요(자동차 그림을 떼어내며 유아들과 함께 수를 센다).

■ 어느 편 자동차가 많나요?

• 노랑편 자동차가 3대 더 많다.

■ 이번 게임은 노랑편이 이겼어요. 노랑편 대 빨강편 점수가 1 : 0이 되었습니다.

○ 2차 게임을 하고 평가한다.

○ 태도를 평가한다.

■ 빨강편과 노랑편 모두 바르게 앉아서 응원을 잘 해주었나요? 바른 태도로 즐겁게 게임했다고 서로에게 박수쳐주자.

○ 유아들과 함께 게임 자료를 정리한다.

관련활동

■ 과학 영역 '자동차 경사로에 굴리기' (37쪽 참고)

■ 조형 영역 '상자로 자동차 만들기' (34쪽 참고)

■ 동극 '신 나는 자동차 놀이' (26쪽 참고)

■ 신체(게임) '자동차 전달하기' (42쪽 참고)

TIP 2 장애물 수와 간격을 유아들의 신체 발달 정도에 따라 정한다.

'자동차 경주' 게임하기

활 동 **12**

자동차 전달하기

집단형태

소집단 활동(약 10명)

활동유형

신체(게임)

활동자료

작은 자동차 놀잇감 6대, 반원통형블록(유아 수만큼), 바구니 4개, 평가 자료(큰 자동차 6대)

활동대형

편대형

활동목표

- 팔과 손의 힘을 조절한다.
- 다른 사람과 협력하는 태도를 기른다.

활동방법

○ 유아들이 양편으로 나누어 의자에 앉는다.

○ 게임 자료를 살펴보며 게임 방법을 이야기한다.

- 선생님의 옆에 있는 바구니에 무엇이 있나요?
    - 작은 자동차
- (반원통블록 보여주며) 이 블록을 하나씩 나누어줄 거예요.
- 선생님이 시작 신호를 하면 맨 앞 사람이 자동차를 블록에 올려놓고 옆 사람이 들고 있는 블록으로 굴려주세요.
- 어떻게 해야 자동차가 굴러갈 수 있을까요?
    - 자동차를 올려놓은 블록을 옆 사람이 들고있는 블록 쪽으로 기울인다.
- 이때 조심해야 할 점이 있어요.
    - 내가 든 블록과 옆사람이 든 블록을 붙여야 자동차가 블록들 사이로 떨어지지 않는다.
    - 블록을 많이 기울이면 자동차가 빨리 굴러가서 떨어지기 쉽다.
- 마지막 사람은 전달받은 자동차를 바구니에 담아요.
- 자동차 세 대를 먼저 바구니에 담는 편이 이기는 게임이에요.

○ 연습게임을 한다.

○ 게임 시 지켜야 할 규칙에 대해 이야기한다.

- 게임을 할 때 어떤 약속을 지켜야 할까요?
    - 자동차를 손으로 굴리거나 잡지 않는다.
    - 자동차가 바닥에 떨어지면 주워서 블록에 올려놓고 다시 굴린다.

○ 게임을 한다.

○ 게임을 평가한다.

- 어느 편이 자동차를 먼저 전달했나요?
- 이번 게임은 ○○ 편이 이겼어요. 1 : 0이 되었습니다.

○ 2차 게임을 하고 평가한다.

- 어느 편이 자동차를 먼저 전달했나요?
- 이번 게임은 △△ 편이 이겼어요. 1 : 1이 되었습니다.

○ 태도에 대해 평가한다.

- ○○ 편과 △△ 편 모두 바르게 앉아서 응원을 잘 해주었나요? 바른 태도로 즐겁게 게임한 ○○ 편과 △△ 편 모두에게 박수쳐주세요.

○ 유아들과 함께 게임 자료를 정리한다.

관련활동

- 과학 영역 '자동차 경사로에 굴리기' (37쪽 참고)
- 조형 영역 '상자로 자동차 만들기' (34쪽 참고)
- 동극 '신 나는 자동차 놀이' (26쪽 참고)
- 신체(게임) '자동차 경주' (40쪽 참고)

블록 연결하여 자동차 굴리기

활동 13

신호등

집단형태

대집단활동

활동유형

동시

활동자료

동시자료, 컴퓨터, 빔 프로젝터, 스크린, 리모컨

활동목표

- 신호등의 기능과 신호의 의미를 안다.
- 교통규칙을 지키는 태도를 기른다.

활동방법

○ 신호등으로 수수께끼를 낸다.

- 선생님이 수수께끼를 낼 테니 잘 듣고 알아맞혀보세요. "나는 자동차나 사람들이 길을 다닐 때 중요한 약속을 알려줘요. 나는 세 가지 색깔을 갖고 있어요. 나는 무엇일까요?"
  - 신호등

○ 동시자료를 사용하여 동시의 내용을 소개한다.

- 신호등이 어떻게 생겼나요?
  - 네모 모양 안에 동그라미 모양 불이 있다.
  - 빨강, 노랑, 초록 세 가지 색깔 불이 있다.
- 만약 신호등에 있는 불이 차들에게 말을 한다면 빨간색 불은 뭐라고 이야기할까요?
  - 멈춰서요.
- 노란색 불은 무슨 이야기를 할까요?
  - 기다려요.
  - 멈추거나 갈 준비를 해요.
- 초록색 불은 어떤 이야기를 할까요?
  - 가세요.

○ 교사가 '신호등' 동시를 낭송한다.

○ 교사가 동시를 한 행씩 낭송하고 유아들이 따라서 낭송한다.

○ 교사와 유아가 동시를 나누어서 동시를 낭송한다.

○ 다 같이 동시를 낭송한다.

관련활동

- 사회 '동네 안전 규칙' (67쪽 참고)
- 노래 '길조심' (46쪽 참고)

동 시

신호등

윤복희

네모난 집 속에
동그라미 삼형제

빨강은 "멈춰요."
노랑은 "기다려."
초록은 "가세요."

아무 소리 내지 않지만
모두 색깔로 이야기해요.

활동 14 길조심

집단형태

대집단활동

활동유형

노래

활동자료

신호등 그림자료, 자동차 그림자료, 사람 그림자료, 게시판(차도, 인도, 횡단보도를 그려 놓음)

활동목표

- 길에서 지켜야 할 교통규칙을 안다.
- 교통규칙을 지키는 태도를 기른다.

활동방법

○ 길을 다닐 때 지켜야 할 약속에 대해 이야기나눈다.

- 차가 다니는 길을 무엇이라고 하나요?
  - 찻길, 차도
- 사람들이 차도로 다닐 수 있나요? 사람들은 어디로 다녀야 하나요?
  - 사람들이 걸어 다닐 수 있도록 만든 길(인도)로 걷는다.
  - 찻길에 내려가거나 찻길 가까이에서 걷지 않는다.
- 찻길을 건너서 맞은편 길로 가고 싶을 때는 어떻게 해야 하나요?
  - 어른과 함께 횡단보도로 건넌다.
  - 신호등이 초록색이 되었을 때 건넌다.
  - 양 옆을 잘 살펴보고 차가 완전히 멈추었을 때 건넌다.
  - 손을 높이 들고 건넌다.
- 길을 다닐 때에는 사고가 나지 않도록 주위를 잘 살피고 조심히 다녀야 해요.

○ 교사가 노래를 부른다.

- 길을 갈 때 지켜야 할 약속을 담은 노래가 있어요. 선생님이 먼저 불러볼게요.

○ 다 같이 노래를 부른다.

관련활동

- 사회 '버스 · 지하철 안전 규칙' (65쪽 참고)
- 사회 '동네 안전 규칙' (67쪽 참고)
- 동시 '신호등' (44쪽 참고)

악 보

길조심

작사 · 곡 조성녀

활동 15

씽씽 굴러가는 바퀴

집단형태

대집단활동

활동유형

노래

활동자료

반입체 노래자료(예: 세모 바퀴의 자전거, 네모 바퀴의 자전거, 동그란 바퀴의 자전거, 길이 있는 반입체 그림판 등), 낮은 책상

'씽씽 굴러가는 바퀴' 노래자료

활동목표

- 바퀴의 특징과 굴러가는 원리를 안다.
- 자전거의 생김새와 특징을 안다.

활동방법

○ 자전거의 바퀴 모양에 따른 움직임에 대해 이야기나눈다.

- (노래자료를 보여주며) 세 가지 모양의 바퀴가 달린 자전거가 있어요.
- (세모 바퀴의 자전거 보여주며) 바퀴가 어떤 모양인가요?
  - 세모
- 세모 바퀴 자전거는 잘 움직일까요?
- (자전거를 앞뒤로 움직이며) 잘 굴러가나요?
  - 앞으로 굴러가지 않는다.
- (네모 바퀴의 자전거 보여주며) 바퀴가 어떤 모양인가요?
  - 네모
- 네모 바퀴 자전거는 잘 굴러갈까요?
- (자전거를 앞뒤로 움직이며) 잘 굴러가나요?
  - 앞으로 굴러가지 않는다.
- (동그라미 바퀴의 자전거 보여주며) 바퀴가 어떤 모양인가요?
  - 동그라미
- 동그란 바퀴 자전거는 잘 굴러갈까요?
  - 잘 굴러간다.
- (자전거를 움직이며) 동그란 바퀴 자전거는 언덕으로 골목으로 씽씽 잘 달려가요.

○ 교사가 노래를 부른다.

○ 교사와 유아가 노래를 나누어 부른다.

○ 다 같이 노래를 부른다.

○ 노랫말을 상상해본다.

- ○○○반 어린이들이 노래를 짓는 사람이라면 또 어떤 모양의 자전거로 노래를 만들 수 있을까요?
  - 별 모양 바퀴

- 하트모양 바퀴

■ 우리가 생각한대로 노랫말을 넣어 불러봅시다.

관련활동

■ 과학 영역 '자동차 경사로에 굴리기' (37쪽 참고)

■ 조형 영역 '바퀴 모양 찍기' (39쪽 참고)

■ 신체(체육) '누워서 자전거 타기' (54쪽 참고)

■ 율동 '자전거' (52쪽 참고)

악 보

씽씽 굴러가는 바퀴

작사 · 곡 서소영

활동
16 바퀴가 하나

집단형태

대집단활동

활동유형

동시

활동자료

그림자료(예: 두발자전거, 세발자전거, 네발자전거, 승용차, 트럭 등), 게시판

'바퀴가 하나' 그림자료

활동목표

- 교통기관 종류에 따른 바퀴 수를 안다.
- 반복되는 구절을 낭송하며 운율을 느낀다.

활동방법

○ 여러 가지 교통기관의 바퀴 수를 세어본다.

- 선생님이 게시판에 붙이는 그림을 보고 무엇인지 이야기해보세요.
  - 두발자전거, 세발자전거, 네발자전거, 자동차, 트럭
- 자전거는 바퀴가 몇 개인가요?
  - 2개인 것도 있고 3개, 4개인 것도 있다.
- 자동차는 바퀴가 몇 개인가요?
  - 4개
- 덤프트럭은 바퀴가 몇 개인가요?
  - 6개

○ '바퀴가 하나' 동시를 소개한다.

- 선생님이 동시를 낭송할게요. 이 동시에는 여러 가지 탈 것들이 나와요. 잘 들어보세요.

○ 교사가 '바퀴가 하나' 동시를 낭송한다.

○ 동시 내용을 회상한다.

- 동시에 어떤 탈 것들이 나왔나요?
  - 자전거, 자동차, 굴렁쇠
- 굴렁쇠를 본 적 있나요?
- 굴렁쇠는 놀잇감 중 하나에요. 쇠나 나무로 만든 둥근 굴렁쇠가 넘어지지 않도록 막대로 굴리면서 노는 거예요.
- 자전거(자동차, 굴렁쇠)는 바퀴가 몇 개인가요?
  - 아빠가 타는 자전거는 바퀴가 2개이고 동생이 타는 자전거는 바퀴가 3개이다.
  - 자동차는 바퀴가 4개이고 굴렁쇠는 바퀴가 1개이다.

○ 동시의 제목을 소개한다.

- 이 동시의 제목은 '바퀴가 하나'에요.

○ 동시자료를 조작하며 교사가 '바퀴가 하나' 동시를 다시 한 번 낭송한다.

▪ 선생님이 '바퀴가 하나' 동시를 다시 낭송해볼게요.

○ 교사가 동시를 한 행씩 낭송하면 유아가 따라서 낭송한다.

○ 교사와 유아가 동시를 나누어서 낭송한다.

○ 다 같이 동시를 낭송한다.

관련활동

▪ 조형 영역 '바퀴모양 찍기' (39쪽 참고)

▪ 노래 '씽씽 굴러가는 바퀴' (48쪽 참고)

동 시

바퀴가 하나

아빠가 타시는 자전거
바퀴가 둘

동생이 타는 자전거
바퀴가 셋

쌩쌩쌩 잘도 달리는 자동차
바퀴가 넷

내가 굴리는 굴렁쇠
바퀴가 하나

활동 17 자전거

집단형태

대집단활동

활동유형

율동

활동자료

자전거 사진(예: 멈춰있는 모습, 움직일 때 모습, 페달이 돌아가는 모습 등), '자전거' 악보, 피아노

TIP 1 유아들이 표현하는 데에 도움이 되도록 자전거의 다양한 움직임에 대해 이야기할 수 있도록 격려한다.

활동목표

- 자전거의 생김새와 특징을 안다.
- 자전거의 바퀴가 굴러가는 원리를 안다.
- 음악에 맞추어 자전거의 움직임을 몸으로 표현한다.

활동방법

○ 자전거에 대해 이야기나눈다.

- (자전거 사진을 보여주며) 자전거를 타보았나요? 자전거 타는 것을 본 적이 있나요?
- 자전거는 어떻게 생겼나요?
  - 바퀴가 2개다.
  - 손잡이가 있다. 손잡이 밑에 브레이크가 있다.
  - 안장이 있다.
  - 페달이 있다. 페달을 밟으면 자전거가 앞으로 나아간다.
- 자전거의 페달과 바퀴는 어떻게 돌아가나요?
  - 페달과 바퀴가 연결되어 있어 페달을 밟으면 바퀴가 돌아간다.
- 자전거를 타려면 몸을 어떻게 움직여야 하나요?
  - 발을 페달에 대고 굴러야 한다.
  - 손은 손잡이를 꼭 잡아야 한다.
- 누가 앞에 나와서 자전거를 타는 것처럼 몸을 움직여볼까요?

○ '자전거' 음악을 듣고, 느낌을 이야기나눈다. **TIP 1**

- 음악을 들으며 자전거 타는 모습을 상상해보세요.
- 어떤 모습을 상상했나요?
  - 오르막길을 올라가는 모습
  - 내리막길을 내려가는 모습
  - 한발자전거로 서커스를 하고 있는 모습
  - 브레이크를 밟아 갑자기 '끽' 소리를 내며 자전거가 서는 모습

○ 음악에 맞추어 율동하는 것을 이야기하고, 신체로 표현한다.

- 음악에 맞추어서 자전거 타는 모습을 몸으로 표현해볼 거예요.

- 누가 나와서 음악에 맞추어 자전거를 타는 것처럼 몸을 움직여 볼까요?
- ○○는 누워서 다리를 들어 페달을 밟는 동작을 보여주었어요. TIP 2
- 또 다른 동작을 표현 할 수 있는 사람이 있으면 나와서 어떤 동작인지 몸으로 수수께끼를 내보세요.

○ 반집단의 유아들이 앞에 나와서 율동을 한다.

○ 율동을 평가한다.

- 율동을 보며 재미있었나요? 어떤 점이 재미있었나요?
  - 브레이크를 밟아 자전거가 갑자기 서는 모습을 표현한 것이 재미있었다.
  - 누워서 다리를 들고 움직여 자전거 바퀴를 표현한 것이 재미있었다.
  - 힘들게 오르막길을 올라가는 것처럼 표현한 것이 재미있었다.

○ 다른 반집단의 유아들이 율동한다.

○ 다 함께 율동한다.

TIP 2 유아들의 다양한 움직임은 자세히 묘사하여 격려하고 다른 유아들이 율동하는 데에 참고할 수 있도록 한다.

악 보

자전거

외국곡

※ 출처 : 이은화 · 김순세(1973). **어린이 춤곡**. 형설출판사.

관련활동

- 노래 '씽씽 굴러가는 바퀴' (48쪽 참고)
- 신체(체육) '누워서 자전거 타기' (54쪽 참고)

활 동
18 누워서 자전거 타기

집단형태
대집단활동

활동유형
신체

활동자료
유아용 매트, 교사용 매트

TIP 본 활동을 실시하기 전 자전거를 직접 타 보거나 자전거를 탈 때의 신체의 움직임이 잘 나타난 동영상을 감상하여 자전거를 탈 때의 움직임을 유아들이 충분히 탐색할 수 있도록 한다.

누워서 자전거 타기

활동목표

- 근력과 근지구력을 기른다.
- 심폐기능을 향상시킨다.

활동방법

○ 자전거를 타는 방법에 대해 이야기한다. TIP
- 자전거를 타 본 경험이 있나요?
- 자전거를 타려면 몸의 어떤 부분을 움직여야 하나요?
  - 팔과 다리를 움직여야 한다.
- 팔과 다리를 어떻게 움직여야 하나요? 나와서 자전거를 타는 모습을 보여줄 사람 있나요?
- 팔은 손잡이를 잡고 다리로는 자전거의 페달을 밟아 자전거를 움직여요.

○ 누워서 자전거를 탈 때처럼 움직인다.
- 등을 바닥에 대고 누워 자전거 타는 동작을 해 볼 거에요.
- 선생님이 누워서 팔과 다리를 움직여 볼게요.
  - 교사가 누워서 자전거 타기 시범을 보인다.
- 매트에 등을 대고 누워보세요. 자전거를 탄다고 생각하고 페달에 발을 올려놓아보세요. 손잡이도 잡아보세요.
- 선생님이 말하는 방향과 속도대로 자전거를 움직여 보세요.

○ 교사는 직진, 우회전, 좌회전, 빠르게, 느리게, 브레이크 잡아 멈추기 등 다양한 동작을 말로 표현하여 유아들이 신체의 움직임을 조절할 수 있도록 한다.

관련활동

- 율동 '자전거' (52쪽 참고)
- 노래 '씽씽 굴러가는 바퀴' (48쪽 참고)

활동 19 버스 만들기

육상교통기관
해상교통기관
항공교통기관

활동목표

- 다양한 종류의 교통기관에 관심을 갖는다.
- 교통기관의 형태와 특징을 알고 블록으로 구성한다.

활동방법

○ 방안놀이시간에 쌓기 놀이 영역에서 자동차, 버스, 기차, 배 등의 교통기관을 만든 경험을 이야기 나눈다.

- 오늘 쌓기 놀이 영역에서 버스(예: 자동차, 기차, 배 등)를 만든 어린이들이 있었어요. 어떻게 만들었는지 이야기 해줄 사람이 있나요?
  - 종이벽돌블록, 차밍블록을 쌓아올려 여러 명이 함께 탈 수 있는 버스를 만들었다.
  - 앞부분에 운전석을 만들고 운전대를 올려놓았다.
  - 교실의 의자, 소파 등을 가져와서 승객들이 자리를 만들었다.

○ 버스 놀이를 평가한다.

- 버스를 만들 때 불편한 점이 있었나요?
  - 버스를 만드는 데 시간이 오래 걸려 버스 안에서 놀이하는 시간이 부족했다.
  - 쌓기 놀이 영역 카펫에 버스를 만들었는데 자리가 좁았다.
  - 버스 안에 탄 사람들이 너무 많았다.
- 불편하다고 이야기한 점을 어떻게 해결할 수 있을까요?
  - 쌓기 놀이 영역 옆에 버스를 만들 공간을 마련해 다음날 이어서 만들 수 있게 한다. TIP
  - 버스를 넓히거나 한 번에 들어갈 수 있는 사람의 수를 정하여 차례대로 들어가 놀이한다.
- 버스 놀이를 더 재미있게 하려면 어떤 것들이 필요할까요?
- 버스를 타려면 무엇을 내야 하나요?
  - 돈을 낸다.
  - 교통카드로 버스비를 낸다.
- 버스가 어느 곳을 지나고 있는지 어떻게 알 수 있나요?
  - 정류장을 알리는 안내방송이 나온다.

집단형태
자유선택활동

활동유형
쌓기 놀이 영역

활동자료
다양한 종류의 블록(예: 종이 벽돌블록, 차밍블록, 할로우 블록 등), 모형 운전대, 교통기관 사진

TIP 며칠 동안 버스를 만들어 갈 경우, 매일의 버스 모습을 사진 찍고 벽면에 게시하여 유아들이 버스가 변화되는 과정을 살펴볼 수 있도록 한다.

버스 만들기

버스 안에서 놀이하기

- 버스에서 내리려면 어떻게 해야 하나요?
  - 정류장에 도착하기 전에 벨을 누른다.
  - 버스가 정차하고 문이 열리면 버스에서 내린다.

○ 유아들과 이야기 나눈 내용을 반영하여 다음날 방안놀이시간에 놀이에 필요한 물건을 준비하고 버스 놀이를 한다.

관련활동

- 이야기나누기 '육상교통기관 I ― 자동차와 버스' (20쪽 참고)
- 사회 '버스 · 지하철 안전 규칙' (65쪽 참고)

활동 20 기차 만들기

활동목표

- 기차의 생김새와 특징에 대해 안다.
- 다양한 재료를 활용하여 조형 작품을 만든다.
- 친구들과 협력하는 태도를 갖는다.

집단형태

자유선택활동

활동유형

조형 영역

활동자료

우유갑, 휴지속심, 종이 상자, 색지, 색연필, 사인펜, 가위, 풀, 자석, 셀로판테이프

활동방법

○ 기차의 모습에 대해 이야기한다.
- 기차는 어떻게 생겼나요?
  - 여러 개의 칸이 연결되어 있다.
  - 각각의 칸은 긴 네모 모양이다. 이 칸을 '량' 이라고 한다.
  - 제일 앞 량에서 운전을 한다.

○ 기차 만들기 공동 작업을 소개한다.
- ○○○반 어린이들이 기차 한 량씩 만든 후 이어 붙여서 ○○○반 기차를 만들어볼 거예요.
- 기차는 무엇으로 만들까요?
  - 우유갑, 휴지속심, 다양한 종이 상자
- 각자 만든 기차들을 어떻게 연결할 수 있을까요?
  - 실이나 리본테이프를 붙인다.
  - 자석을 붙인다.
- 기차에 자석을 붙여서 연결하였다가 뗄 수 있도록 합시다.

○ 우유갑에 색지를 잘라 붙이고 그림을 그려 기차를 꾸민다.

○ 기차에 바퀴를 단다.

○ 각 유아가 만든 기차들을 연결한다.

자석을 붙인 기차

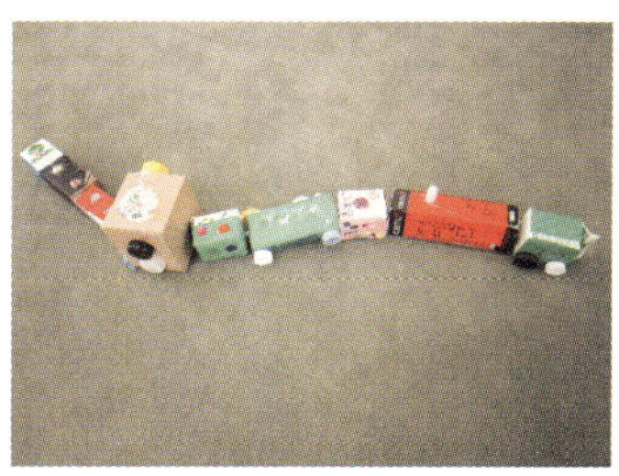
여러 칸(량)을 연결한 기차

확장활동

- 유아들이 실내자유선택활동 시간에 기차 놀이를 할 수 있도록 쌓기 놀이 영역이나 상상 놀이 영역에 유아들이 만든 기차를 내어준다. 놀이에 필요한 다른 소품(예: 기차역, 굴다리, 철교 등)도 유아들과 함께 만들어 본다.

활동

21 이상한 기차

집단형태

대집단활동

활동유형

노래

활동자료

노래자료(기차 칸, 창문, 바퀴), 게시판 기찻길

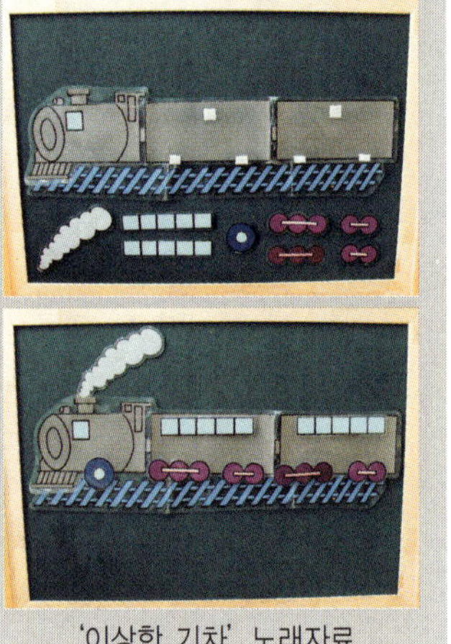

'이상한 기차' 노래자료

활동목표

- 기차의 생김새와 특징에 대하여 안다.
- 기차가 이동하기 위해 필요한 것을 안다.

활동방법

○ 그림자료를 보며 기차에 대해 이야기 나눈다.

- 기차를 타본 적 있나요? 기차는 어떻게 생겼나요?
  - (기차 칸(량) 그림을 게시판에 붙이며) 여러 개의 기차 칸(량)이 있다.
  - (창문 그림을 붙이며) 창문이 있다.
  - (바퀴 그림을 붙이며) 바퀴가 있다.
- 기차는 무엇 위를 달려가나요?
  - 기찻길 위를 달려간다.
- 기찻길이 없으면 달릴 수 있을까요?
  - 달리지 못한다.

○ 교사가 게시판에 붙인 기찻길을 떼고 노래를 부른다.

- 선생님이 기차 노래를 불러볼게요. 그런데 노래에 나오는 기차에는 중요한 무엇인가가 빠져있대요. 무엇인지 노래를 잘 듣고 알아맞혀보세요.

○ 노랫말에 대해 이야기한다.

- 노래에서 무엇이 빠져있었나요?
  - 기찻길

○ 기찻길을 뗀 자료를 보며 다 함께 노래를 부른다.

○ 노랫말을 바꾸어 부른다.

- 이번에는 노래를 잘 듣고 무엇이 빠졌는지 알아맞혀 보세요.
  - 교사가 '창문은 하나 없고 바퀴만 있네' 부분을 부르며 자료의 창문을 뗀다.
- 노래에서 무엇이 빠져있었나요?
  - 창문

○ 창문을 뗀 자료를 보며 다 함께 노래를 부른다.

관련활동

- 역할 놀이 영역 '고속열차 놀이' (60쪽 참고)
- 조형 영역 '기차 만들기' (57쪽 참고)

악 보

이상한 기차

활 동
22 고속열차 놀이

집단형태

자유선택활동

활동유형

역할 놀이 영역

활동자료

고속열차에 필요한 소품(예: 좌석, 문, 열차 운전석, 표 파는 곳, 표, 열차 시간표, 지도, 간식 카트, 음식 모형 등), 고속열차 사진자료(KTX 내부 및 외부, 기차역)

고속열차 놀이 전체 환경

고속열차 놀이 부분 환경 1

고속열차 놀이 부분 환경 2

활동목표

- KTX 고속 열차의 생김새와 특징을 안다.
- 기차를 이용하는 방법을 안다.
- 고속열차 놀이하는 방법을 알고 즐겁게 놀이에 참여한다.

활동방법

○ 고속열차를 보거나 탄 경험을 이야기 나눈다.

- (고속열차 사진을 보여주며) 무엇일까요?
  - 기차다.
  - KTX라고 한다.
- KTX는 보통 기차와 어떤 점이 다를까요?
  - KTX가 더 빠르다.
- 이렇게 속도가 빠른 기차를 '고속열차'라고 해요.
- 고속열차를 타본 적 있나요?
- 언제, 누구와 어디에 갈 때 타보았나요?
- 고속열차에서 무엇을 했나요?
- 어떤 점이 재미있었나요?

○ 역할 놀이 영역에서 고속열차 놀이하는 방법을 이야기 나눈다.

- 기차를 타려면 먼저 무엇을 해야 할까요?
  - 표를 사야 한다.
- 표는 어떻게 사야 할까요?
  - 표 파는 곳에 간다.
  - 가고 싶은 곳이 어디인지 이야기한다.
  - 기차 시간표를 보고 몇 시에 출발하는 기차를 탈 것인지 이야기한다.
  - 표 파는 사람은 표 값이 얼마인지 알려준다.
  - 돈을 내고 표를 받는다.
- 기차에 타면 어느 자리에 앉아야 할까요? 내 자리는 어떻게 알 수 있을까요?
  - 표에 쓰여 있는 번호를 보고 그 자리에 앉는다.
- 기차에서는 무엇을 할 수 있을까요?

- 친구들과 이야기하면서 놀이한다.
- 책을 본다.
- 간식을 사 먹는다.

○ 방안놀이시간에 역할 놀이 영역에서 고속열차 놀이를 한다.

기관사가 열차 운전하기

승무원이 간식 카트 준비하기

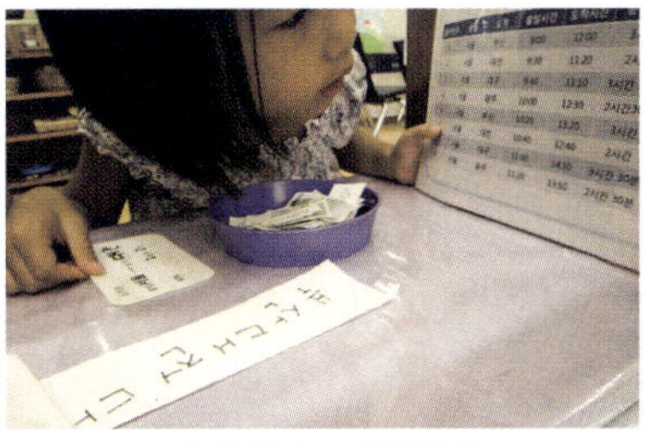

기차 시간표 확인하기

기차표 사기

고속열차로 여행하기

놀이 평가하기

관련활동

- 이야기나누기 ‘육상교통기관 II – 기차와 지하철’ (22쪽 참고)
- 노래 ‘이상한 기차’ (58쪽 참고)
- 조형 영역 ‘기차 만들기’ (57쪽 참고)

활동 23

크시코스의 우편마차

집단형태

대집단활동

활동유형

음악감상

활동자료

사진자료(여러 종류의 마차), 헤르만 네케의 '크시코스의 우편마차' 음악CD 또는 카세트테이프, CD 플레이어 또는 카세트 플레이어

활동목표

- 우편마차의 뜻을 안다.
- 음악을 감상하고 자신의 생각과 느낌을 표현한다.
- 음악을 즐겁게 감상하는 태도를 기른다.

활동방법

○ 마차에 대해 이야기 나눈다.

- 마차를 본 적이 있나요?
- 마차는 어떻게 움직이나요?
  - 말이 달리면서 마차를 끌고 간다.
- 마차에는 사람을 실어 나르는 마차도 있고 짐을 실어 나르는 마차도 있어요.
- 편지나 소포를 실어 나르는 마차를 '우편마차' 라고 해요.

○ 헤르만 네케의 '크시코스의 우편마차' 곡을 소개한다.

- 우편마차가 움직이는 모습을 보고 만든 곡이 있어요.
- 독일의 '헤르만 네케' 라는 음악가가 작곡을 했어요.
- 우편마차가 움직이는 모습을 상상하면서 음악을 들어보세요.

○ 헤르만 네케의 '크시코스의 우편마차' 음악을 감상한다.

○ 음악 감상 후 느낌을 이야기 나눈다.

- 음악을 들으니 어떤 느낌이 들었나요?
- 우편마차가 어떻게 움직이는 것 같나요? 어떤 길을 가고 있을까요?
  - 좁은 길을 달려가는 것 같다.
  - 말들이 빠르게 달리는 것 같다.
- 말들이 왜 빨리 달릴까요?
  - 편지를 빨리 전해주기 위해서이다.

○ 다시 한 번 음악을 감상한다.

- 우리가 이야기 나눈 내용을 잘 생각하며 음악을 다시 들어보세요.

확장활동

■ '크시코스의 우편마차'는 피아노 연주곡, 기악 합주곡 등으로 연주된다. 피아노 연주곡 외에 다른 악기로 연주한 음악을 감상하며 어떤 악기 소리인지 알아맞혀보거나, 악기의 종류에 따른 느낌의 차이 등에 대해 이야기를 나눌 수 있다.

관련활동

■ 이야기나누기 '육상교통기관의 발달' (24쪽 참고)

활동

24 제 트럭을 찾아주세요

집단형태

자유선택활동

활동유형

수학 · 조작 영역

활동자료

여러 가지 모양의 트럭이 그려져 있는 판, 트럭에 싣는 물건 그림(1~9까지 각 개수만큼)

'제 트럭을 찾아주세요' 활동자료

활동목표

- 트럭의 역할에 대해 안다.
- 1부터 9까지의 숫자를 안다.
- 일대일 대응 능력을 기른다.

활동방법

○ 트럭의 기능과 역할에 대해 이야기나눈다.

- 트럭을 본 적이 있나요? 트럭은 어떻게 생겼나요?
  - 운전하는 곳 뒤에 짐을 실을 수 있는 넓은 공간이 있다.
- 물건을 실어 나르는 자동차를 '트럭' 이라고 해요.
- 트럭에 어떤 것을 싣고 가는 것을 보았나요?
  - 음료수, 동물, 이삿짐, 자동차 등

○ 수학 · 조작 영역에 준비되어 있는 교구를 살펴본다.

- 트럭을 이용한 놀이를 하려고 해요. 무엇이 있는지 살펴봅시다.
  - 여러 가지 모양의 트럭
  - 트럭에 실을 수 있는 물건들

○ 판에 그려져 있는 트럭과 물건들을 살펴본다.

- 트럭이 그려져 있는 판에 숫자가 쓰여 있어요.
- 왜 숫자가 쓰여 있을까요?
  - 숫자만큼 물건을 실을 수 있다.

○ 물건의 개수를 세어본 후 트럭에 싣는다.

- 이 물건은 몇 개인가요?
  - 8개
- 8이라고 쓰인 그림판의 트럭에 물건들을 붙이세요.
- 이와 같은 방법으로 트럭에 물건을 싣는다.

○ 놀이를 마치고 나서 교구를 분류 · 정리한 뒤 교구장에 가져다 놓는다.

활동 25 버스 · 지하철 안전 규칙

활동목표

- 대중교통기관 이용 시 지켜야할 안전규칙을 안다.
- 안전하게 생활하는 습관을 기른다.

활동방법

○ 대중교통기관을 타보았던 경험을 이야기 나눈다.

- 버스나 지하철을 타본 적 있나요?
- 어디에 갈 때 탔나요? 누구와 함께 탔나요?

○ 버스에서 지켜야 할 안전규칙에 대하여 이야기 나눈다.

- 버스를 안전하게 타는 방법을 알아봅시다.
  - 버스 정류장 표시가 있는 곳에서 기다린다.
  - 기다릴 때 보도블록의 안쪽에 들어가 있어야 한다.
- 버스를 탈 때나 버스 안에서 조심해야할 점은 무엇일까요?
  - 버스를 타거나 내릴 때는 손잡이를 잡고 계단을 오르내린다.
  - 앉아 있을 때는 바른 자세로 앉는다.
  - 서 있을 때는 같이 탄 어른의 손과 버스 의자의 손잡이를 꼭 잡는다.
  - 여러 사람이 있는 곳이므로 조용히 한다.

○ 지하철에서 지켜야 할 안전규칙에 대하여 이야기 나눈다.

- 지하철을 안전하게 타는 방법을 알아봅시다.
  - 지하철을 기다릴 때는 안전선 밖에서 기다린다.
  - 스크린도어나 지하철문이 열리면 사람들이 내릴 때까지 기다린다.
  - 어른의 손을 잡고 지하철에 탄다.
  - 지하철을 탈 때 승강장과 열차 사이의 틈에 발이 빠지지 않도록 조심한다.
  - 지하철 문에 기대지 않는다.
  - 지하철에서 돌아다니지 않는다.
  - 여러 사람이 있는 곳이므로 조용히 한다.

○ 버스와 지하철에서 지켜야할 안전규칙을 실천하도록 약속한다.

집단형태
대집단 활동

활동유형
사회

활동자료
사진자료(예: 버스 및 지하철, 버스 정류장 및 지하철역 등), 게시판

관련활동

- 이야기나누기 '육상교통기관 I – 자동차와 버스' (20쪽 참고)
- 이야기나누기 '육상교통기관 II – 기차와 지하철' (22쪽 참고)
- 사회 '동네 안전 규칙' (67쪽 참고)

활동 26 동네 안전 규칙

활동목표

- 동네에서 놀이할 때 지켜야할 안전규칙을 안다.
- 안전하게 생활하는 습관을 기른다.

활동방법

○ 상황 1 그림을 보며 길가에서 놀이할 때 지켜야할 안전규칙에 대하여 이야기 나눈다.

- (그림자료를 배경판에 붙이며) 어떤 그림인가요?
  - 길이 있다. 차가 다니는 길(차도)도 있고 사람이 다니는 길(인도)도 있다.
  - 아이들이 공놀이를 하고 있다.
- 그림을 보고 이상한 점을 발견한 사람 있나요?
  - 찻길 근처에서 공놀이를 하면 안 되는데 이 아이들은 공놀이를 하고 있다.
- 왜 찻길 근처에서 공놀이를 하면 안 되나요?
  - 공이 찻길로 굴러갈 수 있다.
  - 공을 주우러 가다가 차와 부딪힐 수 있다.
- 공놀이는 어디에서 해야 할까요?
  - 마당이나 운동장에서 한다.
  - 공원에서 한다.

○ 상황 2 그림을 보며 찻길을 건너는 방법에 대하여 이야기 나눈다.

- (그림자료를 배경판에 붙이며) 아이들이 집에 가기 위해 횡단보도를 건너려고 해요. 언제 건너야 할까요?
  - 신호등에 초록색 불이 켜지면 건넌다.
- 횡단보도를 건널 때에는 조심해야할 점이 있어요. 어떤 점을 조심해야 하나요?
  - 왼쪽, 오른쪽을 모두 확인해서 차가 멈추었는지 확인하고 건넌다.
  - 손을 높이 들고 건넌다.
  - 어른과 함께 건넌다.
- 신호등에 초록색 불이 깜빡이는 것을 본 적 있나요? 이것은 무슨 뜻일까요?
  - 곧 빨간불로 신호가 바뀌므로 횡단보도를 건너고 있는 사람들에게 서두르라는 뜻이다.
- 초록색 불이 깜빡일 때 횡단보도를 건너기 시작하면 안되요.

집단형태

대집단활동

활동유형

사회

활동자료

자석 그림자료(예 : 사람, 차, 공 그림 등), 상황별 배경 그림, 철판

상황 1. 길가에서 놀기

상황 2. 찻길 건너기

상황 3. 골목길 다니기

- 빨간불로 신호가 바뀔 때까지의 시간이 얼마나 남았는지 알려주는 장치도 있어요. 잔여시간표시기의 초록색 숫자가 점점 줄어들어 0이 되면, 혹은 막대기가 점점 짧아져서 없어지면 빨간불로 바뀌는 거예요.
- 어린이들은 함께 가는 어른의 말씀을 잘 듣고 횡단보도를 건너야 해요.
- 횡단보도가 없는 길은 어떻게 건너야 할까요?
  - 육교나 지하도로 건넌다.
  - 육교, 지하도가 없을 경우 차가 오지 않는지 확인하고 건넌다.

○ 상황 3 그림을 보며 골목길에서 지켜야할 안전규칙에 대하여 이야기 나눈다.

- (그림자료를 배경판에 붙이며) 트럭 뒤에서 아이들이 놀고 있어요. 왜 위험할까요?
  - 트럭 운전사는 트럭 뒤에 있는 아이들이 보이지 않기 때문이다.
- 골목길에서 잡기놀이를 하는 어린이들이 있어요. 큰 길에서 차가 오고 있네요. 어떤 일이 일어날 수 있을까요?
  - 갑자기 뛰어나온 어린이들을 자동차가 피하지 못하면 부딪혀서 사고가 날 수 있다.
- 골목길에서는 어떻게 해야 할까요?
  - 골목길에서 놀지 않는다.
  - 차가 오는지 잘 살핀다.

관련활동

- 이야기나누기 '육상교통기관 I – 자동차와 버스' (20쪽 참고)
- 노래 '길조심' (46쪽 참고)

2. 해상교통기관

해상교통기관 / 해상교통기관의 발달 / 배가 뜨는 원리 / '나룻배' 감상 / 돛단배 / 돛단배 / 배에 물건 싣기 / 모래종이 그림 / 높이뛰기

활동 1

해상교통기관

집단형태

대집단활동

활동유형

이야기나누기

활동자료

해상교통기관 사진(예: 여객선, 고기잡이배, 화물선, 병원선, 잠수함, 항공모함 등), 게시판

활동목표

- 해상교통기관의 종류를 안다.
- 해상교통기관의 기능에 관심을 갖는다.

활동방법

○ 유아들에게 해상교통기관에 대해 이야기를 나눌 것임을 알린다.

- 어떤 종류의 배를 알고 있나요?
  - 여객선
  - 어선
  - 화물선
  - 유람선
  - 잠수함
  - 돛단배

○ 유아들이 배를 타보았던 경험을 이야기 나눈다.

- 배를 타본 적 있나요? 배를 타고 어디에 갔나요?
- 배가 어떻게 생겼나요?
- 배에서 무엇을 보았나요?
  - 의자에 앉아 창밖을 바라보는 사람들을 보았다.
  - 배에 차를 싣는 모습을 보았다.
  - 배가 앞으로 나아갈 때 출렁이는 바닷물과 하얀 파도를 보았다.
  - 하늘을 날아가는 새를 보았다.
- 배를 탔을 때 느낌이 어땠나요?
  - 바람이 불어서 시원했다.
  - 바다 위를 지나가는 것이 신기하고 재미있었다.

○ 잠수함에 대하여 이야기 나눈다.

- 이것은 어떤 배일까요?
  - 물속으로 들어갈 수 있는 잠수함이다.
- 잠수함을 본 적 있나요?
  - 책, 텔레비전에서 보았다.

- 제주도에 갔을 때 타보았다.

■ 잠수함에서 무엇을 보았나요?

- 바다 속을 보았다.
- 바다 속을 헤엄치는 물고기를 보았다.

■ 잠수함을 탔을 때 기분이 어땠나요? 무엇이 재미있었나요?

- 바다 속을 보는 것이 재미있었다.
- 물고기들이 헤엄치는 것이 신기했다.

○ 그 밖의 다양한 해상교통기관의 종류와 기능에 대해 이야기 나눈다.

■ (여러 가지 배 사진들을 게시판에 붙이며) 배는 하는 일에 따라 여러 종류가 있어요.

- 여객선, 화물선 : 사람이나 짐을 나르는 배이다.
- 어선(고기잡이배) : 고기를 잡기 위해 타는 배이다.
- 군함, 잠수함, 항공모함 : 군인들이 나라를 지키기 위해 타는 배이다.
- 소방선 : 배에 불이 났을 때 불끄는 일을 하는 배이다.

○ 해상교통기관에 대해서 더 알아보고 싶은 내용이나 궁금한 내용을 조사해보기로 한다.

관련활동

■ 이야기나누기 '해상교통기관의 발달' (72쪽 참고)

■ 이야기나누기 '땅, 하늘, 바다의 교통기관' (18쪽 참고)

■ 신체(게임) '배에 물건 싣기' (81쪽 참고)

활 동
2 해상교통기관의 발달

집단형태

대집단활동

활동유형

이야기나누기

활동자료

해상교통기관의 발달 과정을 나타내는 그림자료, 게시판

해상교통기관의 발달 과정 그림자료

활동목표

- 해상교통기관의 발달에 관심을 갖는다.
- 해상교통기관이 사람에게 주는 편리함을 안다.

활동방법

○ 해상교통기관의 기능과 종류에 대한 내용을 회상한다.

- 배는 언제 타나요?
  - 바다나 강을 건널 때 탄다.
- 배에는 여러 종류가 있었지요. 어떤 배들이 있었나요?
  - 여객선, 화물선, 어선, 잠수함, 항공모함 등이 있었다.

○ 해상교통기관의 발달 과정에 대해 이야기 나눈다.

- 배가 없었던 옛날에는 강이나 바다를 어떻게 건넜을까요?
  - 헤엄쳐서 다녔다.
- 큰 강이나 넓은 바다를 건너갈 때는 어땠을까요?
  - 시간이 오래 걸리기 때문에 오랜 시간동안 헤엄치지 못했을 것이다.
- 사람들은 강과 바다를 편리하게 건너갈 수 있는 방법을 생각했어요.
- 나무를 잘라 다듬어 나무기둥을 만들고 나무기둥 여러 개를 밧줄로 엮어서 '뗏목' 을 만들었어요. 커다란 나무 속을 파서 배를 만들기도 했어요.
- 이렇게 만든 뗏목이나 배는 사람이 노를 저어서 움직였어요.
- 오랫동안 계속 노를 저으면 몸이 어땠을까요?
  - 팔이 아프다.
  - 힘들었을 것이다.
- 사람이 직접 노를 젓지 않고도 배를 움직일 수 있는 방법을 생각해보았어요.
  - 바람을 이용한다.
  - 기계(엔진)를 이용한다.
- 바람의 힘으로 배가 움직일 수 있게 배에 돛을 달았어요. 바람이 불면 돛이 바람의 힘을 받아서 앞으로 빠르게 나아갈 수 있어요. 이 배를 '돛단배' 라고 해요.
- 스스로 움직일 수 있도록 기계(엔진)를 단 배를 만들었어요. 많은 사람이나 무거운 짐을 싣고 바다와 강을 건널 수 있어 편리하게 이용하고 있어요.

○ 배의 여러 종류를 회상해본다.

관련활동

- 이야기나누기 '해상교통기관' (70쪽 참고)
- 이야기나누기 '육상교통기관의 발달' (24쪽 참고)
- 이야기나누기 '항공교통기관의 발달' (90쪽 참고)

활 동 3

배가 뜨는 원리

집단형태

소집단 활동(약 10명)

활동유형

과학

활동자료

호일, 딱딱하고 작은 물건(예: 동전, 구슬 등), 돌멩이, 나무 조각, 물이 담긴 수조

'배가 뜨는 원리' 활동자료

호일을 넓고 평평하게 만든 후 동전 올려놓기

호일과 동전 이용하여 배가 물에 뜨는 원리 실험하기

활동목표

- 배가 물에 뜨는 원리에 관심을 갖는다.
- 물체를 움직이는 다양한 힘이 있음을 안다.

활동방법

○ 물에 가라앉는 것과 뜨는 것의 차이에 대해 이야기 나눈다.

- 나무 조각과 돌멩이를 물에 담긴 수조에 넣으면 어떻게 될까요?
- 나무 조각과 돌멩이를 수조 안에 넣어봅시다.
- 나무 조각과 돌멩이가 어떻게 되었나요?
  - 돌멩이는 가라앉고 나무 조각은 물에 뜬다.
- 왜 돌멩이는 물에 가라앉고, 나무 조각은 물에 뜰까요?
  - 돌멩이는 무거워서 가라앉고, 나무 조각은 가벼워서 물에 뜬다.
- 무거운 물건은 모두 물에 가라앉을까요?
- 그럼 크고 무거운 배는 어떻게 물에 뜨는 것일까요?
- 배를 물에 뜨게 하는 힘에 대해 알아볼 거예요.

○ 배가 물에 뜨는 원리를 실험한다.

- 어떤 힘이 배를 물에 뜨게 하는지 호일 두 장과 100원짜리 동전으로 실험해봅시다.
- 호일 한 장은 아랫면을 넓고 평평하게 만들어 그 위에 100원짜리 동전을 올려놓고, 다른 한 장은 100원짜리 동전을 감싸서 작게 만들 거예요. 물에 띄우면 어떻게 될까요?
- 이제 물에 띄워봅시다. 어떻게 되었나요?
  - 넓고 평평한 호일 위의 동전은 물에 뜨고, 호일 안에 넣어 감싼 동전은 가라앉는다.
- 왜 같은 무게의 동전과 호일이 하나는 물에 뜨고 하나는 물에 가라앉게 되었을까요?
- 물은 물건을 위로 밀어내는 힘을 가지고 있어요. 물과 물건이 만나는 부분이 넓으면 넓을수록 물건을 위로 밀어내는 힘이 더 세져요. 그래서 넓고 평평하게 만든 호일 위에 올려놓은 동전은 물이 밀어내는 힘을 더 많이 받아서 물에 가라앉

지 않았던 거예요.

◯ 과학 영역에서 실험을 할 수 있음을 안내한다.

- 방안놀이시간에 실험해 볼 수 있도록 과학 영역 책상에 호일과 여러 가지 물건을 놓아둘 거예요. 어떻게 하면 물건을 많이 올려놓아도 물에 가라앉지 않을 수 있는지 실험해보세요.
- 놀이를 할 때 지켜야 할 약속이 있어요. 수조 안에 무엇이 들어 있나요?
  - 물
- 수조 안에 물이 가득 들어있으므로 엎지르지 않도록 조심하세요. 또 실험을 하고 나서 옆에 놓인 마른 걸레로 책상 위의 물기를 잘 닦으세요.

관련활동

- 이야기나누기 '해상교통기관의 발달' (72쪽 참고)
- 이야기나누기 · 조형 영역 '나룻배 감상' (76쪽 참고)
- 동시 '돛단배' (77쪽 참고)
- 노래 '돛단배' (79쪽 참고)

활동 4 '나룻배' 감상

집단형태

대집단활동 · 자유선택활동

활동유형

이야기나누기 · 조형 영역

활동자료

나룻배 사진자료, 김홍도의 '나룻배' 그림, 김홍도 화백 사진, 게시판

김홍도 '나룻배'

활동목표

- 나룻배의 생김새와 기능을 안다.
- 민화의 내용을 이해하고 상상해본다.

활동방법

○ 나룻배를 소개한다.

- (나룻배 사진을 게시판에 붙이며) 이 배의 이름은 '나룻배' 에요. 나룻배는 강이나 좁은 바다 사이를 건너다니며 사람이나 짐을 실어나르는 배에요.

○ '나룻배' 그림의 작가와 작품 제목을 소개한다.

- (김홍도 그림을 융판에 붙이며) 이 그림은 '김홍도' 화가가 그린 거예요.
- 김홍도 화가는 우리나라 조선 시대 화가에요. 김홍도 화가는 주로 사람들이 사는 모습이나 자연의 모습을 그렸어요. 씨름을 하는 모습이나 벼를 타작하는 모습, 대장간에서 일하는 모습, 서당의 모습 등을 그렸지요.
- 이 그림은 나룻배에 탄 사람들의 모습을 그린 그림이에요. 그림의 제목은 '나룻배' 에요.

○ 그림의 내용에 대해 이야기 나눈다.

- ('나룻배' 그림을 융판에 붙이며) 나룻배에 누가 타고 있나요?
  - 갓 또는 삿갓을 쓴 사람들, 노를 젓는 사람들, 소 등
- 사람들이 나룻배를 타고 어디로 가는 것일까요?
- 소를 왜 태웠을까요?
- 사람들이 나룻배를 타고 어떤 생각을 했을까요?
- 그림을 보니 또 어떤 생각과 느낌이 들었나요?

○ 방안놀이시간에 나룻배 그림을 그려본다.

- 우리도 화가가 되어서 나룻배를 타고 가는 사람들 그림을 그려봅시다.
- 그림을 완성한 후, 그림에 나온 사람들이 왜 나룻배를 탔는지, 나룻배를 타고 어디로 가는지에 대해 이야기 나누어봅시다.

관련활동

- 이야기나누기 '해상교통기관' (70쪽 참고)
- 이야기나누기 '해상교통기관의 발달' (72쪽 참고)

활동 5 돛단배

활동목표

- 돛단배의 생김새를 안다.
- 반복된 구절을 낭송하며 운율을 느낀다.
- 동시의 내용을 상상하며 아름다움을 느낀다.

활동방법

○ 바다 소리를 들으며 바다의 모습을 상상한다.
- 눈을 감고 선생님이 들려주는 소리를 들어보세요.
- 어디에서 들을 수 있는 소리인가요?
  - 바다
- 소리를 들으면서 바다의 모습을 상상해보세요.
- 머릿속에 어떤 모습이 떠오르나요?
  - 수영하는 모습이 떠오른다.
  - 배가 떠있는 모습이 떠오른다.

○ '돛단배' 동시를 소개한다.
- 바다 위로 떠가는 돛단배를 보고 지은 동시가 있어요.
- 이 동시는 윤석중 작가가 지은 '돛단배' 라는 동시에요.

○ 교사가 '돛단배' 동시를 낭송한다. TIP

○ 동시를 듣고 난 후 느낌을 이야기한다.
- 동시를 들으며 어떤 생각이 들었나요?

○ 동시자료를 사용하여 동시의 내용에 대해 이야기 나눈다.
- 바다에 무엇이 떠있나요?
  - 돛단배가 떠있다.
- 다 함께 눈을 감고 돛단배에 누워서 하늘을 바라본다고 생각해보세요. 하늘에 무엇이 보이나요?
  - 구름, 새, 해, 파란 하늘 등이 보인다.
- 윤석중 작가는 하늘에 떠 있는 구름이 무엇처럼 보인다고 했나요?
  - 배처럼 보였다.
- 그래서 무엇이라고 말했나요?
  - 구름배

집단형태

대집단활동

활동유형

동시

활동자료

반입체 동시자료, 음향 효과 테이프(바다 소리가 녹음된 카세트테이프 또는 CD), 카세트 플레이어 또는 CD플레이어

'돛단배' 동시자료

TIP 서정적인 느낌을 살려서 동시를 낭송한다.

- 구름배는 어디로 갔나요?
  - 구름이 모여서 섬처럼 보이는 하늘섬으로 갔다.
- 돛단배는 어디로 갔나요?
  - 나무들이 우거진 푸른섬으로 갔다.

○ 동시자료를 사용하여 교사가 다시 한 번 동시를 낭송한다.
○ 교사와 유아가 동시를 나누어 낭송한다.
○ 바다 소리를 배경음악으로 다 같이 동시를 낭송한다.

관련활동

- 노래 '돛단배' (79쪽 참고)
- 이야기나누기 '해상교통기관' (70쪽 참고)
- 이야기나누기 '해상교통기관의 발달' (72쪽 참고)

동 시

돛 단 배

윤석중

구름배가 둥둥
하늘에 떴네
돛단배가 둥둥
바다에 떴네
구름배는 둥둥
하늘 섬으로
돛단배는 둥둥
푸른 섬으로

활동 6 돛단배

활동목표

- 해상교통기관의 발달에 관심을 갖는다.
- 뗏목과 돛단배의 생김새를 안다.

활동방법

○ 바다를 건너가는 방법에 대해 이야기 나눈다.
- 바다 건너편에 있는 집으로 가려고 해요. 어떻게 바다를 건너갈 수 있을까요?
    - 수영을 해서 건너간다.
    - 헤엄을 쳐서 건너간다.
- 헤엄을 쳐서 가기에는 거리가 멀어요. 주변에 커다란 나무 기둥들과 밧줄이 있다면 어떻게 할 수 있을까요?
    - 나무 기둥을 밧줄로 엮어서 뗏목을 만든다.
- 뗏목을 만들어 타고 노를 저어보았어요. 그런데 계속 노를 저으니 팔이 아파서 멀리 갈 수가 없었어요.
- 어떻게 하면 힘을 덜 들이고 빨리 갈 수 있을까요?
    - 뗏목에 돛을 단다.
- 뗏목에 기둥을 세우고 커다란 천을 묶어서 돛을 달았어요.
- 돛단배를 타니 돛이 바람의 힘을 받아서 빨리 바다 건너편에 도착할 수 있었어요.

○ '돛단배' 노래를 소개한다.
- 우리가 이야기 나눈 내용을 담은 노래가 있어요.

○ 교사가 노래를 부른다.

○ 피아노 소리로 음을 들려준다.

○ 노래자료를 사용하며 교사가 다시 한 번 노래를 부른다.

○ 교사와 유아가 노래를 나누어 부른다.

○ 다 함께 노래를 부른다.

관련활동

- 이야기나누기 '해상교통기관' (70쪽 참고)
- 이야기나누기 '해상교통기관의 발달' (72쪽 참고)
- 동시 '돛단배' (77쪽 참고)
- 이야기나누기 · 조형 영역 '나룻배 감상' (76쪽 참고)

집단형태

대집단활동

활동유형

노래

활동자료

노래자료(예: 바다 그림 배경판, 헤엄치는 사람, 뗏목, 돛단배 등)

'돛단배' 노래자료

악보

돛단배

작사 · 곡 김진영

활동 7 배에 물건 싣기

활동목표

- 배의 기능을 안다.
- 순발력과 민첩성을 기른다.
- 다른 사람과 협력하는 태도를 기른다.

활동방법

○ 유아들이 양편으로 나누어 의자에 앉는다.

○ 게임자료를 살펴보며 게임 방법을 이야기한다.

- 선생님의 옆에 무엇이 놓여 있나요?
  - 바구니
- 바구니 안에는 어떤 물건들이 있는지 봅시다.
  - 블록 6개
- 각 편의 마지막 사람 옆에는 무엇이 놓여있나요?
  - 큰 블록으로 배 모양을 만들어놓았다.
- 배에 실을 물건과 배를 이용해서 게임을 할 거예요.
  - 선생님이 시작 신호를 하면 맨 앞 사람이 바구니에 담긴 물건을 하나씩 꺼내어 옆으로 전달한다.
  - 마지막에 앉은 사람은 전달받은 물건을 배에 싣는다.
  - 전달받은 것을 모두 실으면 마지막 사람이 선생님이 있는 곳까지 달려온다.
  - 선생님과 먼저 악수하는 편이 이긴다.

○ 연습 게임을 한다.

- 게임을 하기 전에 연습으로 물건을 전달해봅시다.

○ 게임 시 지켜야 할 규칙 대해 이야기한다.

- 게임을 할 때 지켜야 할 규칙이 있어요.
  - 바로 옆에 앉은 사람에게 물건을 전달해야 한다.
  - 한 번에 한 가지 물건만 전달해야 한다.
  - 전달하던 물건을 떨어뜨리면 다시 주워서 전달한다.

○ 게임을 하고 평가한다.

- 규칙을 잘 지키면서 먼저 물건을 다 전달한 ○○ 편에게 색고리 한 개를 줄게요.

집단형태

대집단 활동

활동유형

신체(게임)

활동자료

큰 블록으로 만든 배 TIP, 배에 실을 물건, 물건을 담아 놓을 큰 바구니 2개, 평가자료(색고리 6개, 고리 끼우기 2개)

활동대형

편대형

TIP 배는 큰 블록 이외에 빈 상자, 큰 바구니 등으로 만들 수도 있다.

물건 전달하기

마지막 사람이 배에 물건 싣기

○ 2차 게임을 하고 평가한다.
- 두 번째로 게임을 할 때에는 배에 담긴 물건을 앞으로 전달해서 바구니에 담을 거예요.
- 바구니에 모든 물건을 먼저 담은 편이 이기는 거예요.

○ 유아들과 함께 게임 자료를 정리한다.

관련활동

- 이야기나누기 '해상교통기관' (70쪽 참고)
- 이야기나누기(조형 영역) '나룻배 감상' (76쪽 참고)

활동 8 모래종이 그림

활동목표

- 교통기관의 종류와 생김새를 안다.
- 모래종이와 크레파스의 성질을 안다.
- 크레파스에 열을 가했을 때 변화를 관찰한다.

활동방법

○ 모래종이를 살펴본다.

- 종이를 만져보니 느낌이 어떤가요?
  - 까칠까칠하다.
  - 거칠다.
- 이 종이는 작은 모래알갱이들을 붙여 만들었어요. 그래서 '모래종이' 또는 '사포' 라고 불러요.
- 모래종이(사포)는 주로 표면이 울퉁불퉁하거나 까칠까칠한 물건을 문질러 매끈하게 만들 때 사용해요.

○ 다리미를 살펴본다.

- 이 물건은 무엇일까요?
  - 다리미
- 이 물건을 사용하는 모습을 본 적 있나요?
  - 엄마, 아빠가 다리미로 옷을 다리시는 모습을 본 적 있다.
- 다림질은 어떻게 하나요?
  - 다릴 옷을 다리미판에 올려놓는다.
  - 옷에 물뿌리개로 물을 살짝 뿌린다.
  - 다리미로 옷을 문지르듯 다린다.
- 다리미로 다리면 옷이 어떻게 되나요?
  - 주름이 펴진다.

○ 모래종이 그림을 소개한다.

- 모래종이와 다리미를 이용해서 작품을 만들어볼 거예요.
- 모래종이에 그림을 그리고 색칠을 해요.
- 그림을 다 그린 후 모래종이 위에 흰 종이를 덮어요.
- 선생님이 흰 종이를 다림질을 해줄 거예요. 그림이 어떻게 될까요?

집단형태

자유선택활동

활동유형

조형 영역

활동자료

여러 가지 교통기관 모양 모래종이, 16절 도화지, 크레파스, 다리미, 다리미판, 신문지, 작업순서도

교통기관 모양 종이의 예

작업 순서도

모래종이 그림을 위한 환경 구성

교사가 다림질 하는 책상

모래종이 그림과 종이에 찍혀나온 그림 살펴보기

○ 교사가 조형 작업 시범을 보인다.

- 모래종이 그림을 다리미로 다리니 어떻게 되었나요?
  - 모래종이에 그린 그림이 흰 종이 위에 묻어나온다.
- 왜 흰 종이에 그림이 묻어나올까요?
  - 모래종이에 칠한 크레파스가 열에 녹기 때문이다.

○ 다리미를 사용할 때 주의해야 할 점에 대해 이야기한다.

- 다리미의 밑판은 매우 뜨겁기 때문에 만지면 안 되요.
- 다리미는 어린이들이 사용하기에 위험하기 때문에 선생님이 다림질을 할 거예요. 선생님이 다림질 하는 모습을 잘 지켜보세요.

○ 원하는 모양의 모래종이를 고른다.

- 여러 가지 교통기관 모양의 종이 중에 원하는 종이를 고르세요.
- 종이 뒷면에 이름을 쓰세요.

TIP 1 크레파스를 잡은 손에 힘을 주어 진하게 그려야 다렸을 때 그림이 선명하게 찍힌다.

○ 모래종이에 크레파스로 그림을 그린다. **TIP 1**

모래종이 위에 그림 그리기

TIP 2 다림질을 할 때 크레파스의 유분이 다리미와 다리미판에 묻지 않도록 다리미판 위에 신문지를 깐다. 모래종이와 흰 종이를 올려놓은 후 신문지를 덮고 다림질한다.

○ 조형 영역의 한쪽에 배치한 보조 책상에서 교사가 다림질을 한다. **TIP 2**

○ 모래종이 그림과 흰 종이에 찍혀 나온 그림을 살펴본다.

모래종이 그림 전시

TIP 3 모래종이와 그림과 다림질한 후의 그림을 나란히 붙이면 그림을 비교해 볼 수 있다.

○ 작품을 벽면에 전시한다. **TIP 3**

유의점

- 교사는 다림질을 할 때 유아의 안전에 각별히 유의한다. 유아들이 다리미에 근접하지 않도록 감독한다. 다리미를 사용하지 않을 때 반드시 전원을 끈다.

활동 9

높이뛰기

활동목표

- 다리의 근력을 기른다.
- 음악에 맞추어 몸의 움직임을 조절한다.

활동방법

○ '걷기'와 '달리기' 음악에 맞추어 동작을 해 본다.

○ 높이뛰기 동작에 대해 소개한다.

- 제자리에 편하게 선 자세에서 하늘을 향해 위로 높이 뛰어볼 거예요.
- 선생님이 높이 뛰는 모습을 잘 보세요.
- 어떻게 하면 높이 뛸 수 있을까요?
- (동작을 시범 보이며) 무릎을 굽혀 몸을 낮춘 후 다리에 힘을 실어 뛰어 오르는 거예요.
- 누가 나와서 선생님처럼 높이 뛰어볼까요?

○ '높이뛰기' 음악을 듣고 느낌을 이야기 나눈다.

- 높이뛰기를 할 때 틀 음악을 들려줄게요. 음악의 어떤 부분에서 높이 뛸 수 있을지 생각 해 보세요.
- 음악을 잘 들어보았나요? 어느 부분에서 높이 뛸 수 있을까요?
  - 2, 4, 6, 8마디
- 음악을 다시 들으면서 높이 뛰는 부분에서 손뼉을 쳐봅시다.

○ 음악에 맞추어 높이 뛰어본다.

- 음악에 맞추어 걷거나 달리다가 높이뛰기를 하는 부분에서 높이 뛰는 거예요.
- 선생님이 음악에 맞추어 움직이는 모습을 잘 살펴보세요.
- 누가 선생님처럼 움직여볼 수 있을까요?

○ 반집단의 유아들이 앞에 나와서 음악에 맞추어 높이뛰기를 한다.

○ 율동을 평가한다.

- 높이뛰기 부분에서 힘껏 뛰어올랐나요?
- 높이뛰기를 할 때 어려운 부분이 있었나요?
- 어떻게 하니 더 높이 뛸 수 있었나요?
  - 무릎을 많이 구부린 자세에서 힘껏 뛰어올랐다.

집단형태

대집단활동

활동유형

신체(체육)

활동자료

악보, 피아노

높이뛰기

- 공중에 뛰어 오를 때 다리를 구부렸다.

○ 다른 반집단의 유아들이 음악에 맞추어 높이뛰기를 한다.

악 보

높이뛰기

곡 김진영

3. 항공교통기관

항공교통기관 – 비행기와 헬리콥터 / 항공교통기관의 발달
/ 비행기 / 비행기 / 철이의 모험 / 종이비행기 날리기 / 교통기관 고무판화
/ 교통기관 글자 만들기 / 교통기관 노래 녹음해서 듣기
/ 여러 가지 교통기관 타기 / 교통기관에서 원 · 세모 · 네모 찾기

활동 1

항공교통기관 - 비행기와 헬리콥터

집단형태

대집단활동

활동유형

이야기나누기

활동자료

항공교통기관 사진자료(예: 비행기, 기구, 글라이더, 헬리콥터, 전투기, 로켓 등), 게시판

항공교통기관 사진자료

활동목표

- 항공교통기관의 종류를 안다.
- 비행기와 헬리콥터의 같은 점과 다른 점을 안다.

활동방법

○ 항공교통기관의 종류에 대하여 이야기 나눈다.

- 비행기는 어디를 다닐까요?
  - 하늘을 날아다닌다.
- 하늘을 날아 다닐 수 있는 것에는 무엇이 있을까요?
  - 헬리콥터, 로켓, 전투기, 기구 등

○ 비행기에 대하여 이야기 나눈다.

- 비행기를 타본 적 있나요? 언제 타보았나요?
  - 제주도에 갈 때 타보았다.
  - 다른 나라에 갈 때 타보았다.
- 비행기를 탔을 때 무엇을 보았나요? 어떤 느낌이 들었나요?
- (비행기 사진자료를 보면서) 비행기는 어떻게 생겼나요?
  - 기다랗다.
  - 크기가 커서 많은 사람들이 탈 수 있다.
  - 양옆에 날개가 달려있다.
  - 창문과 문이 있다.
  - 작은 바퀴가 있다.

○ 헬리콥터에 대하여 이야기 나눈다.

- 헬리콥터는 어떻게 생겼나요?
  - 비행기보다 작다.
  - 헬리콥터의 윗부분과 꼬리부분에 프로펠러(로터)가 달려있다.

○ 비행기와 헬리콥터의 같은 점과 다른 점에 대해 이야기 나눈다.

- 비행기와 헬리콥터의 같은 점은 무엇인가요?
  - 하늘을 날 수 있다.
  - 문과 창문이 있다.

- 어떤 점이 다른가요?
  - 비행기는 헬리콥터보다 커서 많은 사람들이 탈 수 있다.
  - 비행기는 날개가 있는 대신 헬리콥터는 프로펠러(로터)가 있다.
  - 비행기가 하늘에 뜨려면 활주로를 달려야 하지만 헬리콥터는 활주로를 달리지 않고 그 자리에서 바로 뜰 수 있다.

○ 쌓기 놀이 영역에서 비행기나 헬리콥터 만들기를 제안한다.

관련활동

- 이야기나누기 '땅, 하늘, 바다의 교통기관' (18쪽 참고)
- 이야기나누기 '항공교통기관의 발달' (90쪽 참고)
- 노래 '비행기' (92쪽 참고)

활 동

2 항공교통기관의 발달

집단형태

대집단활동

활동유형

이야기나누기

활동자료

항공교통기관의 발달 과정을 나타내는 그림자료, 게시판

항공교통기관 발달 과정 그림자료

활동목표

- 항공교통기관의 발달에 관심을 갖는다.
- 항공교통기관이 사람에게 주는 편리함을 안다.

활동방법

○ 항공교통기관의 종류에 대해 이야기 나눈 내용을 회상한다.

- 하늘을 날 수 있는 것에는 무엇이 있나요?
  - 비행기, 헬리콥터, 전투기, 로켓, 기구 등
- 사람들은 왜 비행기를 탈까요?
  - 빠른 시간 안에 먼 곳까지 갈 수 있다.

○ 그림자료를 보여주며 비행기의 유래에 대해 이야기한다.

- 옛날 사람들은 어떻게 하면 하늘을 날 수 있는지 몰랐어요. 그러던 어느 날 하늘을 멋지게 날아다니는 새를 보고 이런 생각을 했어요. '아! 나도 저 새처럼 하늘을 날아다닐 수 있다면 얼마나 좋을까?' 그래서 어떤 사람은 새의 날개를 양쪽 팔에 달고 높은 곳에서 힘껏 팔을 저으며 뛰어내렸어요. 그 사람은 날 수 있었을까요?
- 어떤 사람은 커다란 부채를 만들어 팔에 달고 하늘을 날아보려고 했지만 역시 날 수 없었어요.
- 어떤 사람은 '하늘을 날려면 바람을 이용해야 해.' 하고 생각했어요. 그래서 바람을 가득 넣은 커다란 풍선으로 '기구' 라는 것을 만들어 하늘을 날았어요. '글라이더' 를 만들어 바람을 타고 날기도 했어요. 하지만 글라이더는 바람이 없는 날에는 날 수가 없었어요.
- 라이트 형제는 지금의 비행기와 모양은 다르지만 모터라는 기계를 단 비행기를 처음으로 만들었어요. 모터가 움직이며 생기는 힘으로 비행기가 하늘을 날 수 있었지요. 라이트 형제가 만든 비행기는 오랫동안 하늘을 날 수는 없었지만 라이트 형제 덕분에 요즘에는 아주 빠르고 편리한 여러 가지 비행기를 만들 수 있게 되었답니다.

○ 항공교통기관의 종류를 회상하며 쌓기 놀이 영역에서 만들어 보기를 제안한다.

관련활동

- 이야기나누기 '항공교통기관 – 비행기와 헬리콥터' (88쪽 참고)
- 노래 '비행기' (92쪽 참고)
- 신체(게임) '종이비행기 날리기' (103쪽 참고)

활동 3

비행기

집단형태

대집단활동

활동유형

노래

활동자료

비행기 이륙시 창밖의 풍경을 찍은 사진, 게시판

활동목표

- 비행기가 이륙하는 과정을 안다.
- 노랫말을 상상하며 즐겁게 노래를 부른다.

활동방법

○ 비행기에 대한 유아들의 경험을 이야기 나눈다.
- 비행기를 타거나 본 적 있나요?
- 비행기는 어떻게 떠오르나요?
  - 활주로를 빨리 달리다가 점점 땅에서 떠올라 하늘 높이 올라간다.
- 비행기를 타고 어디에 갔었나요?
- 비행기에서 무엇을 했나요?
  - 창문 밖을 내다보았다.
  - 기내식을 먹었다.
  - 잠을 잤다.
- 비행기에서 창밖을 본 적이 있나요? 무엇을 보았나요?
  - 구름을 보았다.
  - 집과 나무들을 보았다.
  - 바다를 보았다.

○ 비행기 이륙 시 창밖의 풍경을 찍은 사진을 보며 이야기 나눈다.
- 비행기에서 창밖을 바라보며 찍은 사진이에요. 무엇이 보이나요?
  - 나무, 길, 집
- 비행기에서 땅을 내려다보니 나무와 집들이 어떻게 보이나요?
  - 작아 보인다.
- 비행기가 높이 올라갈수록 창밖으로 보이는 것들은 점점 어떻게 보이나요?
  - 점점 더 작아지다가 보이지 않는다.

○ 교사가 '비행기' 노래를 부른다.
- 비행기를 타고 하늘을 날아가면 나무와 집들, 차들과 길들이 장난감처럼 작아 보여요. 선생님이 노래를 불러볼게요.

○ 피아노 소리로 멜로디를 들려준다.

○ 교사와 유아가 노래를 나누어 부른다.

- ○○○반 어린이들이 '높이 높이 올라가서 하늘 위로 날아가면' 부분을 부르면 선생님이 '나무와 집들 차들과 길들 장난감처럼 보이네' 부분을 부를게요.

○ 다 함께 노래를 부른다.

관련활동

- 이야기나누기 '항공교통기관 – 비행기와 헬리콥터' (88쪽 참고)
- 이야기나누기 '항공교통기관의 발달' (90쪽 참고)
- 율동 '비행기' (94쪽 참고)
- 신체(게임) '종이비행기 날리기' (103쪽 참고)

악 보

비행기

작사 · 곡 김진영

활 동

4 비행기

집단형태

대집단활동

활동유형

율동

활동자료

비행기 동영상자료(예: 이륙하는 모습, 하늘을 나는 모습, 착륙하는 모습 등), '비행기 여행' 곡이 녹음된 테이프, 카세트테이프 플레이어

TIP 1 교사는 동영상을 보면서 비행기의 움직임을 구체적으로 설명하고 유아들과 적극적으로 상호작용한다.

활동목표

- 비행기의 생김새와 움직임에 관심을 갖는다.
- 음악에 맞추어 비행기의 이륙 및 착륙과정을 몸으로 표현한다.

활동방법

○ 유아들과 함께 비행기의 움직임에 대해 이야기나눈다.

- 비행기를 본 적 있나요?
- 비행기는 어떻게 움직일까요?
- 동영상을 보면서 비행기가 어떻게 움직이는지 잘 살펴보세요. TIP 1
- 비행기가 하늘을 날아오르기 위해 어떻게 움직였나요?
  - 활주로를 빨리 달리다가 비행기의 앞부분부터 점점 하늘 높이 올라간다.
- 누가 나와서 비행기가 이륙하는 모습을 보여줄 수 있나요?
- ○○가 몸을 어떻게 움직였나요?
  - 몸과 머리를 숙이고 달려가다가 머리를 점점 들어 날아오르는 비행기 모습을 표현했다.
- 비행기가 이륙하는 모습을 다른 방법으로 표현해볼 사람 있나요?
- 이번에는 비행기가 하늘에서 나는 모습을 표현해봅시다.
- 비행기가 착륙하는 모습을 표현해봅시다.

○ '비행기' 음악을 듣고, 느낌을 이야기 나눈다.

- 비행기가 움직이는 모습을 표현한 음악이 있어요. 잘 들어보세요.
- 음악을 들으니 어떤 느낌이 드나요?
- 비행기가 어떻게 하고 있는 것 같나요?
  - 처음에는 활주로에서 천천히 움직이다가 점점 빨리 움직이면서 하늘로 뜬다.
  - 점점 빨리 난다.
  - 땅으로 내려와서 멈춘다.
- 이 음악에 맞추어 비행기가 움직이는 모습을 몸으로 표현해봅시다.

○ 유아들이 4~5명씩 나와 음악에 맞추어 율동하고 평가한다.

- 누가 나와서 음악에 맞추어 몸으로 비행기를 표현해볼 수 있을까요?
- 앉아있는 사람들은 앞에서 율동하는 사람들이 비행기의 어떤 모습을 표현하는지 잘 보세요.

■ 비행기의 어떤 모습을 표현한 것 같나요? 율동한 사람들의 이야기를 들어보세요. TIP 2

○ 유아들이 반집단씩 나와서 율동을 한다.

○ 율동을 평가한다.

■ 비행기의 어떤 모습을 표현했나요?

■ 어떤 동작이 가장 재미있었나요?

■ 어떻게 하면 비행기를 더 실감나게 표현할 수 있을까요?

○ 전체 유아들이 율동한다.

TIP 2 창의적인 표현을 한 유아가 있으면 앞에 나와서 다른 유아들에게 시범을 보이도록 한다.

악 보

비행기 여행

※ 출처 : 이은화 · 김순세(1973). **어린이 춤곡**. 형설출판사.

확장활동

■ 비행기 이외에 다양한 교통기관을 표현하는 율동을 해본다. 다음은 각 교통기관 율동을 할 때 사용할 수 있는 곡이다.

버스

외국 곡

경쾌하게
손님을 태우면서 서서히 움직인다
손님을 내려 놓으면서
서서히 멎는다
빨리 달린다
Fine
D.C. al Fine

기차

(여러번 반복)
(기적을 울린다)
(천천히 움직인다)
p
mf
f (아주 빠르게)
mp (점점 느리게)

기찻길

김순세 편곡

배젓기

※ 출처 : 이은화 · 김순세(1973). **어린이 춤곡**. 형설출판사.

활 동
5 철이의 모험

집단형태
대집단활동

활동유형
율동

활동자료
교통기관 입체자료(예: 쌓기놀이 영역의 교통기관 모형 소품, 유아들이 블록으로 만든 여러 가지 교통기관 등), 유아 인형, 유아들이 직접 블록으로 만든 로봇, 악보, 전자 피아노, 음향자료(예: 로봇, 자동차 경적소리, 기차, 비행기, 뱃고동 소리 등) 신호등 모형, 손전등 TIP 1

TIP 1 활동실 바닥에 깔개, 색테이프, 구름다리 등의 자료들을 이용하여 바다, 기찻길, 찻길 등을 만든다.

TIP 2 교사는 셀로판지로 만든 신호등과 손전등을 이용하여 빨간불을 켜고, 일시정지와 재생 버튼을 번갈아가며 켜서 음악의 재생을 조절한다. 다른 교통기관이 되어 유아가 시범을 보일 때에도 교사는 교통기관에 맞는 음악을 재생 해 준다.

활동목표
- 다양한 교통기관의 특징을 안다.
- 다양한 교통기관의 특징을 몸으로 표현한다.

활동방법
○ 교통기관 입체자료를 사용하여 율동을 하기 위한 동화를 들려준다.
- 오늘은 동화를 듣고 동화의 내용에 맞는 동작을 몸으로 표현 해 볼거에요. 동화를 잘 들어보세요.

○ 동화 내용의 순서대로 교통기관들의 움직임에 대해 이야기나눈다.
- 가장 먼저 철이는 어떤 교통기관이 되었나요?
  - 자동차
- 내가 자동차가 되어서 철이처럼 움직인다면 어떻게 움직이고 싶나요?
  - 신호등의 빨간불이 켜지면 멈추고, 초록불이 켜지면 움직인다. TIP 2
- 누가 나와서 자동차가 움직이는 것처럼 움직여볼까요?
- 자동차 다음에 철이는 어떤 교통기관이 되었나요?
  - 기차
- 어떻게 기차처럼 움직일 수 있을까요?
  - 바닥에 그려진 기찻길을 따라 움직인다.
  - 처음에는 천천히 출발하여 점점 빨리 달리면서 기찻굴을 지나고 다시 천천히 와서 멈춘다.
- 기차가 된 다음에 철이는 어떤 교통기관이 되었나요?
  - 비행기
- 비행기를 몸으로 어떻게 표현할까요?
  - 땅에서 하늘로 점점 올라가 하늘을 날아다니다가 땅으로 내려온다.
- 누가 나와서 비행기가 움직이는 것처럼 움직여볼까요?
- 마지막으로 철이는 어떤 교통기관이 되었나요?
  - 배
- 배는 어떻게 몸으로 표현할까요?
  - 노 젓 배, 통통배, 돛단배 등의 다양한 배를 표현한다.
- 누가 나와서 배가 움직이는 것처럼 움직여볼까요?

○ 음악에 맞추어 반집단씩 율동을 한다.

- 우리가 철이가 되어서 율동을 해볼거예요.
- 선생님 이야기를 잘 듣고 음악에 맞추어 몸을 움직여보세요.

○ 율동을 평가한다.

- 모두 율동을 즐겁게 했나요? 어떤 모습이 재미있었나요?
- 어떻게 하면 자동차(예: 기차, 비행기, 배 등)를 더 재미있고 실감나게 표현할 수 있을까요?

동 화

철이의 모험

철이는 방에서 혼자 놀고 있었습니다. '아이 심심해. 방에서만 노니까 정말 심심한데. 이럴 때 내가 자동차라면 얼마나 좋을까. 가고 싶은 곳으로 마음껏 다닐 수 있을 테니까.' 그때였습니다. 어디선가 이상한 소리가 들리더니(①로봇음향) 이상하게 생긴 로봇이 나타났습니다.

철 이 어? 넌 누구니?
로 봇 난 너를 무엇으로든 변하게 할 수 있는 로봇이야.
철 이 나를 무엇으로든 변하게 할 수 있다고?
로 봇 그래, 뭐든지 말해봐.
철 이 그럼 나를 자동차로 변하게 해줘.
로 봇 그래.(①로봇음향)

(②자동차음향, 자동차 음악) 철이는 자동차가 되어 신나게 다녔습니다.

철 이 어, 빨간불이네. (음악을 '잠시 멈춤' 으로 하여 나오지 않게 하다가 나시 눌러 나오게 한다.) 다시 초록 불이다."
철 이 나는 이제 기차가 되고 싶어. 나를 기차로 만들어줘.

철이는 다시 달리기 시작했어요.

로 봇 기차로 변해라(①로봇음향).

(③기차음향, 기차음악) 칙칙 폭폭. 철이는 기차가 되어 움직이기 시작합니다. 점점 더 빨리... 저기 기차역이 보였습니다. 기차는 점점 천천히 오다가 기차역에 멈추어 섰습니다.

철 이 이제는 하늘을 날아보고 싶은데 나를 비행기로 변하게 해줄래?
로 봇 비행기로 변해라.(①로봇음향)

교사의 이야기에 맞추어 시범 보이기

음악에 맞추어 율동하기

(④비행기 음향, 비행기 음악) 비행기는 점점 하늘로 올라갑니다. 점점 더 높이, 더 높이... 비행기는 하늘에서 다닙니다. 높은 하늘을 날아다니면서 보니 저 멀리 넓은 바다가 보였습니다. 이제는 점점 바닷가로 내려오기 시작합니다. 점점 낮게, 점점 낮게... 이제 바닷가에 도착했어요.

철 이 와, 바다다. 로봇, 이제 나를 저 넓은 바다에서 다니는 배로 만들어줘."
로 봇 그래, 배가 되어라.(①로봇음향)

(⑤뱃고동 소리, 배음악) 둥실 둥실, 배는 바다 위를 떠다닙니다.

로 봇 철이야, 이제 집으로 돌아갈 시간이야. 이제는 마지막이야, 무엇이 되고 싶니?
철 이 그럼 나를 스카이 콩콩이 되게 해줘."
로 봇 그래 그럼 스카이 콩콩이 되어라.(①로봇음향)

(⑥스카이 콩콩 음악) 철이는 콩콩 뛰어서 집으로 돌아옵니다.
철이는 이제 집으로 돌아왔습니다.

로 봇 자 이제는 다시 철이가 되어라.(①로봇음향)

철이는 긴 여행으로 무척 피곤했습니다. 그래서 방에 누워 숨을 크게 들이 마시고 내쉬었습니다.(⑦숨쉬기 음악)

악 보

철이의 모험

곡 김진영

② 자동차(전자피아노 악기소리 : 트럼펫)

③ 기차(전자피아노 악기 소리 : 타악기)

④ 비행기(전자피아노 악기소리 : Synthbox)

⑤ 배(전자피아노 악기소리 : Vibraphone)

⑥ 스카이콩콩(전자피아노 악기소리 : Base guitar)

⑦ 숨쉬기(전자피아노 악기소리 : Pipe organ)

활동 6 종이비행기 날리기

활동목표

- 민첩성을 기른다.
- 눈과 손의 협응력을 기른다.
- 게임 방법을 알고 규칙을 지키며 게임을 한다.

활동방법

○ 유아들이 양편으로 나누어 의자에 앉는다.

○ 게임자료를 살펴본다.

- 선생님의 맞은편에 무엇이 있나요?
  - 장애물
  - 훌라후프, 종이비행기가 담긴 바구니
- 장애물을 지나서 종이비행기를 날리는 게임을 할 거예요.

○ 게임 방법을 이야기한다.

- 양 편에서 한 명씩 나와서 출발선에 서요.
- 선생님이 출발 신호를 하면 장애물을 지그재그로 지나가요.
- 바구니에서 종이비행기 한 개를 꺼내고 훌라후프 앞에 있는 발자국 표시 위에 서요.
- 종이비행기를 날려 훌라후프를 통과시킨 다음 돌아와서 선생님과 악수하는 거예요.

○ 1~2명의 유아가 시범을 보인다.

○ 편 이름을 정한다.

○ 평가 방법을 이야기한다.

- 먼저 들어온 사람이 속한 편에게 비행기 그림을 붙여줄 거예요.
- 게임을 마친 후 비행기의 개수가 많은 편이 이기는 거예요.

○ 바르게 응원하는 태도에 대해 이야기한다.

- 친구가 게임하는 모습을 어떤 태도로 봐야 할까요?
  - 응원을 한다. 이긴 사람에게는 잘 했다고 박수를 쳐주고 진 사람에게는 끝까지 잘하라고 응원을 한다.

○ 게임을 한다.

집단형태

대집단 활동

활동유형

신체(게임)

활동자료

종이비행기(유아 수만큼) TIP 1, 바구니 2개, 훌라후프 2개, 훌라후프 지지대 2세트, 발자국 표시 4세트, 평가자료, 비행기 그림, 게시판

활동대형

편대형

'종이비행기 날리기' 활동대형

TIP 1 유아들이 방안놀이시간에 조형 영역에서 접은 종이비행기를 게임자료로 활용한다.

'종이비행기 날리기' 게임하기

○ 게임을 평가한다.

- 비행기가 몇 대인지 같이 세어봅시다.
  - 비행기 그림을 떼어내며 유아들과 함께 수를 센다.
- ☆☆편은 13개, △△편에는 10개가 있어요.
- 어느 편의 비행기가 더 많은가요?
  - ☆☆편이 3개 더 많다
- 이번 게임은 ☆☆편이 이겼어요. △△편과 ☆☆편 점수가 1 : 0이 되었어요.

○ 2차 게임을 하고 평가를 한다.

- (두 번째 게임을 마치고 평가 자료의 수를 세어 본 후) 어느 편의 비행기가 더 많나요?
  - △△편이 2개 더 많다.
- 두 번째 게임은 △△편이 이겼어요. 몇 대 몇이 되었나요?
  - 1 : 1이 되었다.
- △△편과 ☆☆의 점수가 1 : 1로 동점이에요. 서로에게 박수쳐주세요.

○ 응원 태도에 대해 평가한다.

- ☆☆편과 △△편 모두 바르게 앉아서 응원을 잘 해주었나요?
- 바르게 앉아서 열심히, 즐겁게 응원한 ☆☆편과 △△편 어린이들에게 서로 박수쳐주세요.

○ 유아들과 함께 게임 자료를 정리한다.

관련활동

- 이야기나누기 '항공교통기관 – 비행기와 헬리콥터' (88쪽 참고)
- 노래 '비행기' (92쪽 참고)

활동 7 교통기관 고무판화

활동목표

- 교통기관의 종류와 기능에 관심을 갖는다.
- 판화의 원리를 알고 판화 방법을 익힌다.

활동방법

○ 조형 재료를 살펴보며 판화의 원리와 방법을 소개한다.
- 고무판에는 어떤 모양이 있나요?
  - 여러 가지 교통기관 모양이 있다.
- 고무판에 물감을 묻혀 종이에 찍어내면 어떤 모양이 나타날까요?
  - 고무판에 있는 교통기관 모양이 똑같이 나타난다.
- 왜 똑같이 나타날까요?
  - 교통기관 모양만 남기고 고무판의 다른 부분을 깎아서 고무판화 판을 만들었기 때문에 튀어나온 교통기관 모양에만 물감이 묻는다.

○ 판화를 찍어낼 종이 뒷면에 이름을 쓴다.
- 종이의 뒷면에 이름을 쓰세요.

○ 신문지를 깔고 판화 틀을 올려놓는다.
- 여러 가지 교통기관 중에서 원하는 모양을 골라 신문지 위에 올려 놓으세요. TIP 2

○ 스펀지붓에 물감을 묻혀 고무판위에 골고루 칠한다. TIP 3

○ 물감이 마르기 전에 종이를 고무판 위에 놓고 손바닥으로 문지른다.

○ 종이에 찍힌 그림을 살펴본다.
- 판화 틀의 모양과 판화를 찍어 낸 종이의 모양이 같나요?

○ 종이를 건조대 위에 올려놓고 말린다.

집단형태

자유선택활동

활동유형

조형 영역

활동자료

교통기관 고무판, 물감, 물감그릇, 도화지, 스펀지 붓 TIP 1, 신문지, 작업순서도, 건조대, 걸레

교통기관 고무판의 예

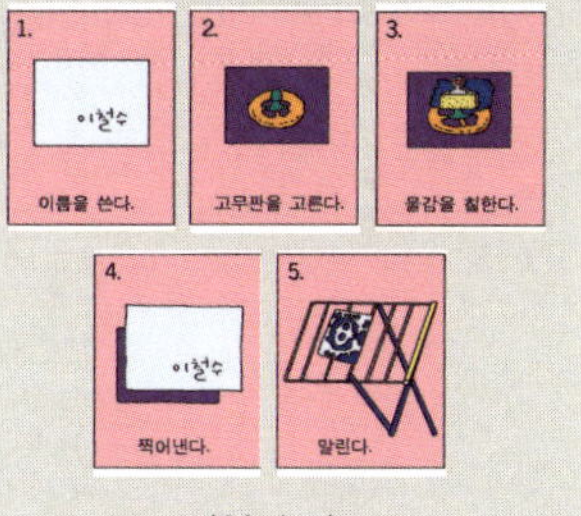

작업 순서도

TIP 1 집게로 스펀지를 집고 색깔을 표시하여 스펀지 붓을 제작한다.

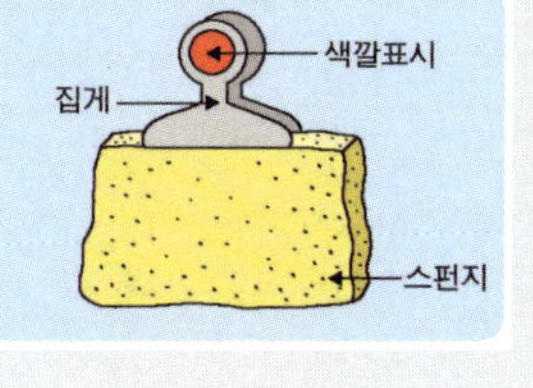

TIP 2 판화 틀 아래에 신문지를 깔아 판화를 찍게 하고 다음 유아가 작업할 때 신문지를 교체한다.

TIP 3 각 교통기관 고무판에 사용하는 물감과 스펀지붓의 물감색을 동일하게 하여 물감의 색이 서로 섞이지 않도록 한다.

○ 유아들이 찍어낸 판화의 윤곽선을 따라 오리고 벽면에 전시한다. 찻길, 바다, 구름 등의 배경을 만들고 유아의 작품을 육상, 해상, 항공 교통기관으로 분류하여 전시한다.

교통기관 고무 판화 작품 전시

관련활동

- 이야기나누기 '땅, 하늘, 바다의 교통기관' (18쪽 참고)
- 언어 영역 '교통기관 글자 만들기' (107쪽 참고)
- 수학 · 조작 영역 '여러가지 교통기관 타기' (110쪽 참고)
- 수학 '교통기관에서 원 · 세모 · 네모 찾기' (111쪽 참고)

활동 8 교통기관 글자 만들기

활동목표

- 교통기관의 종류와 명칭을 안다.
- 교통기관 글자에 관심을 갖는다.
- 자석의 성질을 안다.

활동방법

○ 교통기관 자석교구 사용법에 대해 이야기 나눈다.

- 색깔판에 무엇이 보이나요?
  - 아무것도 보이지 않는다.
- 색깔판을 철가루가 들어있는 통에 꽂아보세요.
- 통을 흔들어보세요. 철가루가 어떻게 되나요?
  - 철가루가 색깔판에 붙는다.
  - 색깔판에 모양이 나타난다.
- 철가루가 붙은 모양이 어떤가요?
  - 돛단배 모양으로 붙었다.
- 통을 뒤집어 흔들어보세요. 무엇이 나타나나요?
  - '돛단배' 글자가 나타났다.

○ 자석의 원리에 대하여 이야기 나눈다.

- 철가루가 왜 색깔판에 붙는 것일까요?
- 색깔판 안에 교통기관과 교통기관 글자 모양 대로 자석을 넣었어요. 철가루는 자석에 붙는 성질이 있기 때문에 색깔판을 통에 끼워 흔들면 색깔판 밖에 있는 철가루가 자석에 붙어서 모양이 나타나는 거예요.

○ 여러 가지 색깔판을 통에 끼운 뒤, 색깔판에 나타나는 모양을 탐색한다.

- 다른 색깔판을 통에 끼워봅시다. 무엇이 나타나나요?
  - 버스, 기차, 잠수함, 비행기 등

집단형태

자유선택활동

활동유형

언어 영역

활동자료

색깔판 TIP 1, 색깔판을 끼울 수 있는 투명한 통 TIP 2

색깔판 끼우는 통

색깔판 앞면

색깔판 뒷면

색깔판 끼우는 구멍

색깔판을 통에 끼우기

TIP 1 교통기관 그림과 글자 모양대로 오린 자석판을 하드보드지 앞, 뒷면에 붙인다. 자석판을 붙인 하드보드지를 색지로 감싼다.

TIP 2 색깔판을 끼우는 투명한 통에 철가루를 넣는다.

색깔판 끼우기

통 흔들어서 철가루자석 붙게 하기

유의점

- 마스킹테이프나 셀로판테이프로 색깔판을 끼우는 통의 모서리를 여러 번 붙여 철가루가 통 밖으로 새어나오지 않도록 한다.

관련활동

- 이야기나누기 '땅, 하늘, 바다의 교통기관' (18쪽 참고)
- 조형 영역 '교통기관 고무판화' (105쪽 참고)
- 수학 · 조작 영역 '여러 가지 교통기관 타기' (110쪽 참고)
- 수학 '교통기관에서 원 · 세모 · 네모 찾기' (111쪽 참고)

활동 9 교통기관 노래 녹음해서 듣기

집단형태
자유선택활동

활동유형
음률 영역

활동자료
녹음기, 카세트테이프

활동목표

- 다양한 종류의 교통기관에 관심을 갖는다.
- 즐거운 마음으로 노래를 부르고 감상한다.

활동방법

○ 활동을 소개한다.

- ○○○반 어린이들이 교통기관에 대해 배웠던 노래들이 많이 있어요. 어떤 노래들이 생각나나요?
  - 자전거, 비행기, 씽씽 굴러가는 바퀴, 길조심 등이 생각난다.
- ○○○반 어린이들이 부른 교통기관에 대한 노래들을 녹음해서 방안놀이 시간에 함께 들어봅시다.

○ 녹음기를 소개하고 녹음기의 사용방법을 안내한다.

- (녹음기를 보여준다.) 이것은 '녹음기' 에요. 녹음기는 소리를 녹음해서 들려주는 기기에요.
- (녹음기 안에 카세트테이프를 넣는다.) 녹음기 안에 카세트테이프를 넣고 (녹음기의 버튼을 누르는 시범을 보인다.) 버튼을 누르면 주변에서 들리는 소리가 카세트테이프에 녹음되요. 녹음이 끝난 후에 카세트테이프를 앞으로 돌려 들어보면 우리가 녹음한 소리를 다시 들을 수 있어요.
- 어떤 소리를 녹음해볼까요?

○ 교통기관과 관련된 노래를 부르고 녹음한다.

- 이제 함께 노래를 불러 녹음해봅시다. 어떤 노래를 불러보고 싶나요?
  - ○○○
- 함께 '○○○' 노래를 불러봅시다.

○ 녹음한 노래를 함께 들어보며 이야기를 나눈다.

- 우리가 부른 노래를 다시 들으니 어떤 느낌이 드나요?
- 또 어떤 노래를 불러보고 싶나요?

○ 유아들과 녹음한 노래자료를 음률 영역에 비치한다.

- 방안놀이시간에 우리가 부른 노래를 들어볼 수 있도록 녹음테이프와 녹음기를 음률 영역에 둘게요.
- 녹음 테이프를 들으며 즐겁게 노래를 불러보세요.

활동 10 여러 가지 교통기관 타기

집단형태

자유선택활동

활동유형

수학 · 조작 영역

활동자료

기찻길 게임판, 기차 모형 말, 주사위 TIP

'여러 가지 교통기관 타기' 게임자료

TIP 자전거, 자동차, 비행기 그림을 주사위 각 면에 붙이고 속도에 따라 자전거는 1, 자동차는 2, 비행기는 3을 표시하여 숫자만큼 말을 이동하도록 한다.

'여러가지 교통기관 타기' 게임하기

활동목표

- 자전거와 자동차, 비행기 속도를 비교한다.
- 게임의 방법을 알고 규칙을 지키며 게임에 참여한다.

활동방법

○ 교구의 구성물을 살펴본다.

- 주사위를 보세요. 주사위에 어떤 그림이 있나요?
    - 자전거, 자동차, 비행기 그림이 있다.
    - 자전거에는 1, 자동차에는 2, 비행기에는 3이 쓰여 있다.
- 자전거, 자동차, 비행기 중에서 어떤 것이 가장 빠를까요(느릴까요)?
    - 비행기(자전거)

○ 게임 방법을 이야기한다.

- 여러 가지 교통기관을 타며 여행하는 게임을 해볼 거예요.
- 주사위를 굴려 나온 수만큼 길을 이동해서 목적지에 먼저 도착하는 사람이 이기는 게임이에요.
- 자전거에는 어떤 숫자가 쓰여 있나요?
    - 1
- 주사위를 굴려 자전거 그림이 나오면 한 칸 앞으로 가는 거예요.
- 자동차와 비행기에는 어떤 숫자가 쓰여 있나요?
    - 2, 3
- 주사위를 굴려 자동차(비행기) 그림이 나오면 두 칸(세 칸) 앞으로 말을 움직이세요.

○ 게임을 한다.

- 게임에서 사용할 말을 고르고 가위, 바위, 보를 하여 순서를 결정하세요.
- 이긴 사람부터 주사위를 던져 나온 수만큼 말을 움직이세요.

○ 게임의 결과를 알아본다.

- 누가 가장 먼저 목적지에 도착하였나요?
- 아직 도착하지 못한 사람은 누구인가요?
- 몇 칸이 남아 있나요?

활동 11 교통기관에서 원 · 세모 · 네모 찾기

활동목표

- 동그라미, 세모, 네모 형태를 분별한다.
- 각종 교통기관에서 원, 세모, 네모를 찾는다.

집단형태

대집단 활동

활동유형

수학

활동자료

원, 세모, 네모 그림 자료, 원, 세모, 네모가 드러난 각종 교통기관 그림자료 TIP, 보드마카 펜, 게시판

TIP 원, 세모, 네모의 차이가 드러나는 교통기관 그림자료를 준비하도록 한다. 교통기관 그림 자료를 코팅하여 활동 시 유아들과 함께 보드마카 펜으로 찾은 모양을 표시할 수 있도록 한다.

활동방법

○ 원, 세모, 네모의 형태에 대해 이야기 나눈다.

- 양 손을 이용하여 동그라미를 만들어 보세요.
- 양 손을 이용하여 세모를 만들어 보세요.
- 양 손을 이용하여 네모를 만들어 보세요.

손으로 원, 세모, 네모 만들기

- (원, 세모, 네모 그림 자료를 게시판에 붙이며) 세모와 네모에는 뾰족한 부분이 몇개인가요?
  - 세모는 뾰족한 부분이 3개, 네모는 뾰족한 부분이 4개이다.
- 동그라미는 뾰족한 부분이 있나요?
  - 동그라미는 뾰족한 부분이 없다.
- 세모와 네모의 뾰족한 부분을 '각' 이라고 해요. 그래서 뾰족한 부분이 3개인 세모를 '삼각형', 뾰족한 부분이 4개인 네모를 '사각형' 이라고 해요. 동그라미는 각이 없이 둥근 모양을 말하고 '원' 이라고 해요.

○ 원, 세모, 네모 찾기 활동을 소개한다.

- 우리가 타고 다니는 여러 가지 교통기관 안에도 동그라미, 세모, 네모 모양을 찾을 수 있어요. 교통기관 그림 안에 숨어 있는 동그라미, 세모, 네모 모양을 찾아 봅시다.

- (교통기관 그림자료를 보여주며) 어떤 교통기관인가요?
- ○○○그림에서 동그라미를 찾아보세요. 동그라미는 어디에 있나요?
  - 유아들이 이야기한 부분을 보드마카 펜으로 표시한다.
- 네모(세모)는 어디에 있나요?
- (교통기관 그림 위에서 ◇◇ 모양을 찾아 표시하며) 이것은 무슨 모양인가요?
  - ◇◇ 모양이다.
- 다른 교통기관 그림에서 동그라미, 세모, 네모 모양을 찾아봅시다.

○ 교사가 제시한 다른 교통기관 그림자료에서 동그라미, 세모, 네모 모양을 찾는다.

○ 동그라미, 세모, 네모 모양을 찾은 결과를 보며 이야기 나눈다.

- ○○○반 어린이들이 여러 가지 교통기관 그림에서 찾은 동그라미, 세모, 네모를 살펴봅시다.
- 동그라미(세모, 네모)는 어디에서 찾을 수 있었나요?

확장활동

- 교실이나 주변환경에서 동그라미 · 세모 · 네모 모양 물건을 찾아오거나 사진을 찍어 게시한다.

관련활동

- 동시 '바퀴가 하나' (50쪽 참고)
- 노래 '씽씽 굴러가는 바퀴' (48쪽 참고)
- 조형 영역 '교통기관 고무판화' (105쪽 참고)

부록

1. 주간교육계획안

만 4세 ○○○ 반 주간교육계획안 20○○ 학년도 ○ 월 ○ 주	생활주제	교통기관	주 제	육상교통기관 해상교통기관
목 표	육상교통기관의 종류와 기능에 대하여 안다. / 해상교통기관의 종류와 기능에 대하여 안다. / 교통기관의 발달 과정에 관심을 갖는다.			

활동	요일/날짜	월(○일)	화(○일)	수(○일)	목(○일)	금(○일)	평가
자유선택활동	쌓기 놀이 영역	• 유니트블록으로 도로 만들기 • 맥포머스블록, 원목자석블록으로 구성물(예: 경주용차, 로봇, 집, 성 등) 만들기 • 교통기관(자동차, 버스) 만들기 →					
	역할 놀이 영역	• 고속열차 놀이하기(기차표 사기, 열차 탑승하기, 간식 카트에서 간식 사 먹기, 기차여행하기, 기관사 운전하기) →					
	언어 영역	• '교통기관' 생활주제 관련 그림책(예: 세상의 모든 탈 것들, 바퀴, 지하철은 달려온다 등) 보기 • 교통기관 부직포인형으로 인형극하기 →					
	수학 · 조작 영역	• '교통기관' 생활주제 관련 수학 · 조작 교구(예: 트럭에 숫자대로 짐 싣기, 버스타기 그룹게임 등) 하기 • 교통기관 나무퍼즐, 종이퍼즐 맞추기 →					
	과학 영역	• 경사로에 자동차 굴리기(경사면 재질, 경사 각도에 따른 자동차 속도 비교하기) • 고슴도치 관찰하기 →					
	조형 영역	• 상자로 자동차 만들기 →		• 교통기관 모래종이 그림 →		• 배 만들기	
	음률 영역	• '교통기관' 생활주제 관련 악기(예: 자동차 모양 귀로, 돛단배 모양 귀로, 캐스터네츠, 트라이앵글 등) 연주하기 • 패턴 악보 보고 컵 악기 연주하기 →					
	실외 영역	• 뒷마당에서 놀이하기(예: 델타샌드, 수조 물놀이, 무궁화꽃이 피었습니다, 그늘막 책 보기 등) • 앞마당에서 놀이하기(종합놀이터, 모래놀이터) →					
대·소집단활동	이야기나누기	• 육상교통수단 I -자동차와 버스	• 육상교통수단 II -기차와 지하철	• 육상교통수단의 발달		• 해상교통수단	
	동화 · 동극 · 동시	• 꼬마버스 룰루(그림자동화)		• 바퀴가 하나(동시)	• 꼬마자동차 또또(테이블동화, 동극)	• 소중한 나의 작은 배(OHP동화)	
	음 악		• 이상한 기차(새노래)	• 헤르만네케의 크시코스의 우편마차(음악 감상)		• 돛단배(새노래)	
	율 동					• 자동차 운전놀이(소, 2집단)	
	체 육				• 누워서 자전거 타기		
	게 임	• 자동차 전달하기					
	수 학			• 바퀴 수 더하기			
	과 학						
	사 회				• 예배(○○○ 전도사님)		
	바깥 놀이		• 기차놀이				
	간 식	• 잣죽, 보리차	• 백설기1, 우유	• 호밀과일빵1, 우유	• 찐감자1/2, 사과, 우유	• 단호박모닝빵1, 감귤주스	
	전이 · 주의집중	• 자동차 자리 바꾸기	• 배운 노래 부르기	• 그림자보고 알아맞히기	• 악기소리에 맞추어 손뼉치기	• 돛단배, 어선, 유람선 패턴 맞히기	
	귀가지도	• 이름표, 실내화 정리하고 가기 • 내일부터 교생선생님들이 오심	• 그림책 가지고 오기 • 바르게 인사하기	• 그림책 가지고 가기 • 내일은 예배를 드릴 것임	• 도시락 가지고 오기	• 도시락, 실내화 가지고 가기 • 주말동안 잘 지내기	
비 고				※2학기 그림책대여프로그램 시작	※예배(○○○ 전도사님)	※점심 먹는 날(귀가시간 12:50)	
총 평							

만 4세 ○○○ 반 주간교육계획안 20○○ 학년도 ○ 월 ○ 주	생활주제	교통기관	주 제	해상교통기관 항공교통기관
목 표	해상교통기관의 종류와 기능에 대하여 안다. / 항공교통기관의 종류와 기능에 대하여 안다. / 해상교통기관과 항공교통기관의 발달과정에 관심을 갖는다. / 교통수단을 안전하게 이용하는 방법을 알고 실천한다.			

활동	요일/날짜	월(○ 일)	화(○ 일)	수(○ 일)	목(○ 일)	금(○ 일)	평가
자유선택활동	쌓기 놀이 영역	• 교통기관(배, 비행기) 만들기 • 유니트블록으로 공항 만들기 • 맥포머스블록, 원목자석블록으로 구성물(자동차, 배, 비행기 등) 만들기 →					
	역할 놀이 영역	• 고속열차 놀이하기(기차표 사기, 열차 탑승하기, 간식 카트에서 간식 사 먹기, 기차여행하기, 기관사 운전하기 →					
	언어 영역	• '교통기관' 생활주제 관련 그림책(예: 코돌이의 돛단배, 검피아저씨의 뱃놀이, 라이트형제 등) 보기 • 교통기관 자석인형으로 인형극하기 →					
	수학 · 조작 영역	• '교통기관' 생활주제 관련 수학 · 조작 교구(예: 기차여행 판게임, 우주여행 그룹게임 등) 하기 • 교통기관 나무퍼즐, 종이퍼즐 맞추기 →					
	과학영역	• 경사로에 자동차 굴리기(경사면 재질, 경사 각도에 따른 자동차 속도 비교하기) • 수조에 배 띄우기 →					
	조형 영역	• 배 만들기	• 먹지그림 그리기 →		• 교통기관 고무판화 →		
	음률 영역	• '교통기관' 생활주제 관련 악기(예: 자동차 모양 귀로, 돛단배 모양 귀로, 캐스터네츠, 트라이앵글 등) 연주하기 • 패턴 악보 보고 컵 악기 연주하기 →					
	실외 영역	• 뒷마당에서 놀이하기(예: 델타샌드, 수조 물놀이, 무궁화꽃이 피었습니다, 그늘막 책 보기 등) • 앞마당에서 놀이하기(종합놀이터, 모래놀이터) →					
대 · 소집단활동	이야기나누기	• 해상교통수단의 발달	• 항공교통수단-비행기와 헬리콥터	• 항공교통수단의 발달	• 두부부침 만들기		
	동화 · 동극 · 동시	• 돛단배(동시)		• 새가 되고 싶은 곰(융판동화)	• 햇빛섬을 찾아서(반입체동화)		
	음 악		• 비행기(새노래)			• 길조심	
	율 동					• 철이의 모험	
	체 육						
	게 임	• 배에 물건 싣기					
	수 학						
	과 학				• 두부부침(요리, 소, 3집단)		
	사 회		• 대중교통 안전하게 이용하기		• 예배(○○○ 전도사님)	• 이렇게 하면 위험해요	
	바깥 놀이			• 높이뛰기			
	간 식	• 색편1, 우유	• 산딸기과자1, 우유	• 찰보리빵1, 우유	• 두부부침2(요리), 보리차	• 유기농카스텔라1/2, 팩우유	
	전이 · 주의집중	• '돛단배' 배운 노래 부르기	• 교통수단 패턴 맞히기	• '비행기' 글자 읽기	• '두부' 수수께끼	• 다른 그림 찾기	
	귀가지도	• 배, 비행기에 대한 책, 사진 등 가지고 오기	• 내일 그림책 가져오기 • 실내화 바르게 정리하기	• 그림책 가지고 가기 • 내일 요리를 할 것임	• 도시락 가지고 오기 • 바르게 인사하기	• 도시락, 실내화 가지고 가기 • 주말 잘 보내기	
비 고				※그림책 반납 및 대출	※예배(○○○ 전도사님)	※점심 먹는 날(귀가시간 12:50)	
총 평							

2. 일일교육계획안

담임	원감	원장

학급명	○○○반 (만 4세)	날 짜	20○○년 ○월 ○일 ○요일	수업일수	○○ / ○○○일
생활주제	교통기관	주 제	육상교통기관	소주제	육상교통수단의 발달과정 우편마차의 생김새와 특징
목 표	육상교통기관의 발달과정에 관심을 갖는다. / 우편마차의 생김새와 특징을 안다. / 여러 가지 교통기관의 바퀴 개수를 안다.				
일일 시간표	9:00 ~ 등원 및 실내자유선택활동 9:50 ~ 정리정돈 및 화장실 다녀오기 10:00 ~ 이야기나누기 '육상교통수단의 발달' 10:20 ~ 간식 '호밀과일빵1, 우유' 10:45 ~ 음악 감상 '헤르만네케의 크시코스의 우편마차' 11:00 ~ 실외자유선택활동 11:50 ~ 정리정돈 및 화장실 다녀오기 12:00 ~ 동시 '바퀴가 하나' 12:15 ~ 귀가지도				

시간 / 활동명	활 동 목 표	활 동 내 용	준비물 및 유의점	평 가
9:00~ 등원 및 실내자유 선택활동	• 선생님께 바르게 인사하는 태도를 기른다. • 모래종이와 크레파스의 성질을 알고 창의적으로 작품을 완성한다. • 다양한 형태의 도로를 창의적으로 구성하여 놀이한다.	• 등원 및 인사나누기 - 선생님과 인사나누기 - 출석표시판에 출석표시 그림 붙이기 • 실내자유선택활동하기 [조형] '교통기관' 모래종이 그림 다림질 - 교통기관 모래종이 고르기 → 크레파스로 색칠하기 → 모래종이 위에 도화지 덮기 → 교사가 다림질해주기 → 이름 쓰기 [쌓기] 유니트블록으로 도로 만들기 - 고속도로, 도로 사진 보면서 형태 살펴보기 - 유니트블록으로 다양한 형태의 도로 구성하고 자동차 놀이하기	• 출석표시판, 이름표 - 유아 맞이하기: ○○○ 교사 • 조형: 모래종이(교통기관 모양으로 오린 것), 크레파스, 다리미, 다리미판, 신문지, 이름 쓸 연필 - 조형: ○○○ 교사 • 쌓기: 유니트블록, 도로 사진, 자동차	

시간 / 활동명	활 동 목 표	활 동 내 용	준비물 및 유의점	평 가
9:00~ 등원 및 실내자유 선택활동	• 고속열차의 구조와 기능을 알고, 고속열차에서의 상황을 극놀이로 표현한다. • 말하기, 듣기, 읽기에 관심을 가지고, 그림책을 즐겨 보는 습관을 기른다. • 수학 · 조작교구와 그림 맞추기 하는 방법을 알고 놀이에 참여한다. • 널빤지의 경사도와 경사면의 재질에 따른 자동차의 속도 차이를 비교한다. • 음률영역에 있는 악기를 바르게 연주한다. • 그림책 빌리는 방법을 안다.	[역할] 고속열차 놀이하기 - 역할 정하기(표 파는 사람, 기관사, 기장, 손님 등) - 기차표 구입하고 고속열차(KTX) 탑승하기 - 기차 여행하기 - 기차에서 간식 사 먹기 [언어] '교통기관' 생활주제 관련 그림책 보기 - '교통기관' 생활주제 관련 그림책(세상의 모든 탈 것들, 바퀴, 지하철은 달려온다 등) 보기 - 교통기관 부직포인형으로 인형극하기 [수학 · 조작] '교통기관' 생활주제 관련 수학 · 조작교구, 그림 맞추기 - '트럭에 숫자대로 짐 싣기' 수학 · 조작교구하기 - '기차여행' 그룹게임하기 - '교통기관' 생활주제 관련 종이퍼즐, 나무퍼즐 맞추기 [과학] 경사면 만들어 자동차 굴리기 - 나무블록 쌓기 → 널빤지를 골라서 경사면 만들기 → 자동차 굴리기 - 재질이 서로 다른 경사면에 자동차 굴려서 속도 비교하기 - 높이가 서로 다른 경사면에 자동차 굴려서 속도 비교하기 [음률] 음률영역에 있는 악기 연주하기 - 자동차모양 귀로, 돛단배모양 귀로, 캐스터네츠 등 연주하기 • 그림책 대출하기(도서실) - 도서실에 가서 그림책 빌리기 → 개인장 책가방에 책 담기	• 역할: 운전대, 좌석, 매표소, 기차표, 기차 시간표, 음식 모형, 카트 • 언어: 그림책, 인형극장 틀, 교통기관 부직포인형 • 수학 · 조작: 수학 · 조작교구, 나무퍼즐, 종이퍼즐 등 • 과학: 나무블록, 여러 종류의 널빤지(빨대 붙인 것, 수수깡 붙인 것, 아무것도 붙이지 않은 것 등), 자동차 2개 • 음률: 귀로, 캐스터네츠, 트라이앵글 등 - 그림책 대출지도: ○○○ 교사	
9:50~ 정리정돈 및 화장실 다녀오기	• 자기가 가지고 놀던 놀잇감을 정리할 수 있다. • 친구를 도와줄 수 있다.	• 자기가 놀았던 영역부터 정리하기 • 다른 영역 정리 도와주기 • 화장실 다녀오기		
10:00~ 이야기나누기	'육상교통수단의 발달' • 육상교통수단의 발달 과정에 관심을 갖는다. • 육상교통수단이 사람에게 주는 편리함을 안다.	◎ 이야기나누기 '육상교통수단의 발달' • 자리정돈 및 주의집중: '자동차' 노래 부르기 • 육상교통수단의 발달 과정에 대해 이야기나누기 - 옛날에는 자동차가 있었을까요? - 자동차가 없었던 옛날에는 어떻게 다녔을까요? (걸어서) - 먼 길을 걸어서 다니면 어땠을까요? (힘들고 시간이 오래 걸림)	• 육상교통수단의 발달 과정 그림 자료(걷는 사람, 말이나 낙타를 탄 모습, 처음 만든 자동차, 손으로 짐을 든 모습, 통나무를 여러 개 까라고 그 위에 굴리면서 짐을 옮기는 모습, 소	

시간 / 활동명	활 동 목 표	활 동 내 용	준비물 및 유의점	평 가
10:00~ 이야기나누기		- 그래서 사람들은 멀리까지 더 편하게 갈 수 있는 방법을 생각해보았어요. 어떻게 했을까요? (동물(말, 낙타 등)을 타고 다님. 사람들이 들어서 옮기는 가마를 타기도 함) - 동물, 사람 대신 기계가 끄는 자동차를 만들어서 타고 다닐 수 있게 되었어요. • 짐을 실어 나르는 육상교통수단의 발달 과정에 대해 이야기나누기 - 트럭은 어떤 일을 하는 차인가요? (여러 가지 물건이나 짐을 실어 옮기는 차이다.) - 트럭이 없었던 옛날에는 어떻게 짐을 옮겼을까요? (손으로 들어서 옮김. 동그란 나무를 밑에 놓고 굴리면서 옮김. 동물(소, 말 등)을 이용함. 바퀴를 만들고 수레를 만들어서 옮김)	나 말에 짐을 실은 모습, 수레), 게시판, 유니트블록(원기둥모양 6개, 개널빤지)	
10:20~ 간식 '호밀과일빵1, 우유'	• 손을 깨끗이 씻는다. • 음식을 골고루 먹는다.	• 화장실에서 손 씻기 • 간식 먹기 • 간식을 다 먹은 후 조형, 언어, 과학영역 놀이하기	- 간식차 가져오기 및 손씻기 지도: ○○○ 교사 - 간식 준비 및 지도: ○○○ 교사	
10:45~ 음악 감상 '헤르만 네케의 크시코스의 우편마차'	• 우편마차의 생김새와 특징을 안다. • 음악을 감상하고 자신의 생각과 느낌을 말로 표현하는 능력을 기른다. • 음악을 즐겁게 감상하는 태도를 기른다.	◎ 음악 감상 '헤르만 네케의 크시코스의 우편마차' • 자리정돈 및 주의집중: 그림자 보고 알아맞히기 • 마차에 대해 이야기나누기 - 마차를 본 적이 있나요? 타 본 적이 있나요?(유아 경험 듣기) - 마차는 어떻게 움직이는 교통수단인가요?(말이 달리면서 수레를 끌고 감) - 마차에는 어떤 것이 있을까요?(사람을 실어 나르는 마차, 짐을 실어 나르는 마차) • 음악 소개하기 - 편지나 소포를 실어 나르는 우편마차가 움직이는 모습을 보고 만든 음악이 있음 - 독일의 '헤르만 네케' 라는 분이 만드셨음 - 우편마차가 어떻게 움직이고 있을지 생각하며 음악 듣기 • '크시코스의 우편마차' 음악 앞부분 듣기 • 음악을 듣고 난 후의 느낌 이야기 나누기 - 음악을 들으니 어떤 느낌이 들었나요?(유아 이야기 듣기) - 우편마차가 어떻게 움직이고 있는 것 같나요? 어떤 길을 가고 있을까요? • '크시코스의 우편마차' 감상하기	• 사진자료(여러 가지 마차 사진), 음악CD(헤르만 네케의 크시코스의 우편마차), CD플레이어	

시간 / 활동명	활 동 목 표	활 동 내 용	준비물 및 유의점	평 가
11:00~ 실외자유선택활동	• 실외놀이규칙을 지키며 안전하게 놀이한다. • 실외놀이시설을 안전하게 사용한다.	• 실외자유선택활동하기 [종합놀이터] 줄 잡고 올라가기, 미끄럼틀, 그물, 모래 도르래 등 [모래놀이터] 모래놀이용구로 산 만들기, 깊게 파기, 음식 만들기 [대근육기구] 그네, 네스팅브릿지에서 놀이하기 [자전거길] 자전거타기	• 탬버린, 유아명단 - 자전거 지도: ○○○ 교사 - 전체: ○○○ 교사 * 교사는 유아들이 안전하게 놀이하도록 지도한다.	
11:50~ 정리정돈 및 화장실 다녀오기	• 자기가 가지고 놀던 놀잇감을 정리할 수 있다. • 친구를 도와줄 수 있다.	• 선생님이 탬버린을 흔들면 선생님 앞에 줄서기 • 교실에 들어가서 신발, 겉옷 정리하기 • 화장실 다녀오기 • 물마시기	- 정리신호: ○○○ 교사 - 유아 수 확인: ○○○ 교사	
12:00~ 동시 '바퀴가 하나'	• 여러 가지 종류의 교통기관의 바퀴 개수를 안다. • 같은 말이 반복되며 동시의 운율이 생기는 것을 안다.	◎ 동시 '바퀴가 하나' • 자리정돈 및 주의집중: 바퀴 수 더하기 • 여러 가지 교통기관의 바퀴 수 세어보기 - 두 발 자전거, 세 발 자전거, 네 발 자전거, 승용차, 트럭 • 활동 소개 및 교사가 동시 들려주기 - 동시를 들어보세요. 제목은 '바퀴가 하나' 예요. • 동시 자료를 사용하여 동시 들려주기 • 동시 들은 느낌 이야기나누기 - 동시를 들으며 어떤 생각이 들었나요? • 동시 내용 중 잘 모르는 단어 이야기하기 - 동시에 나온 말 중 뜻을 모르거나 어려운 말이 있었나요? (굴렁쇠) - 굴렁쇠는 장난감이에요. 쇠나 나무로 만든 둥근 테인데, 막대로 굴렁쇠가 넘어지지 않도록 굴리면서 놀이해요. • 교사가 동시를 한 행씩 읊고 유아들이 따라서 낭송하기 • 교사와 유아가 동시를 나누어서 낭송하기 - 교사: 아빠가 타시는 자전거, 동생이 타는 자전거, 쌩쌩쌩 잘도 달리는 자동차, 내가 굴리는 굴렁쇠 - 유아: 바퀴가 둘, 바퀴가 셋, 바퀴가 넷, 바퀴가 하나 · 다 같이 동시 낭송하기	• 그림자료(두 발 자전거, 세 발 자전거, 네 발 자전거, 승용차, 트럭), 융판, 동시 자료	
12:15~ 귀가지도	• 귀가 전 해야 할 일을 알고 스스로 하는 습관을 기른다.	• 바르게 인사하는 습관을 기른다. • 내일은 예배를 드릴 것임 • 그림책 가지고 가기 • 이름표, 실내화 정리하기 • 바르게 인사하기	- 복도: ○○○ 교사 - 유아 인솔: ○○○ 교사	
비 고	※2학기 그림책대여프로그램 시작			
총 평				

참고문헌

김진영(2009). 김진영 동요집. 교문사.

이기숙 · 김희진 · 이경미 · 이순영(1998). 유아를 위한 소비자교육 프로그램. 양서원.

이은화 · 김순세(1973). 어린이 춤곡. 형설출판사.

이화여자대학교 사범대학 부속이화유치원(1970). 노래동산.

이화여자대학교 사범대학 부속이화유치원(1987). 유아를 위한 즐거운 놀이.

이화여자대학교 사범대학 부속이화유치원(1995). 3, 4, 5세 어린이를 위한 유치원 교육과정 운영의 실제. ⑦ 교통기관. 교문사.

저자소개

홍용희 이화여자대학교 사범대학 부속이화유치원 원장
이화여자대학교 사범대학 유아교육과 교수

오지영 이화여자대학교 사범대학 부속이화유치원 원감

강은정 현 이화여자대학교 사범대학 부속이화유치원 교사

김은수 현 이화여자대학교 사범대학 부속이화유치원 교사

김혜전 전 이화여자대학교 사범대학 부속이화유치원 교사

이예린 현 이화여자대학교 사범대학 부속이화유치원 교사

장정윤 전 이화여자대학교 사범대학 부속이화유치원 교사

이화유치원 교육과정 운영의 실제

만 4세 ❽ 교통기관

2012년 4월 2일 초판 인쇄
2012년 4월 10일 초판 발행

지은이 이화여자대학교 사범대학 부속이화유치원
펴낸이 류제동
펴낸곳 (주)교문사

책임편집 김선형
본문디자인 아트미디어
표지디자인 이수미
제작 김선형
영업 정용섭·이진석·송기윤

출력 아트미디어
인쇄 동화인쇄
제본 한진제본

우편번호 413-756
주소 경기도 파주시 교하읍 문발리 출판문화정보산업단지 536-2
전화 031-955-6111(代)
팩스 031-955-0955
등록 1960. 10. 28. 제406-2006-000035호

홈페이지 www.kyomunsa.co.kr
E-mail webmaster@kyomunsa.co.kr
ISBN 978-89-363-1221-3 (93370)
ISBN 978-89-363-1141-4 (93370) 전 36권

값 16,000원